Game Chorus

게 임 코 러 스

게임 코러스
영이 지음

워크룸 프레스

게임 코러스
영이 지음

초판 1쇄 발행. 2025년 6월 18일

편집. 이동휘, 우경진, 성훈, 이연숙(리타)
디자인. 예승완
제작. 세걸음
발행. 워크룸 프레스

워크룸 프레스
03035 서울시 종로구 자하문로19길 25, 3층
전화. 02-6013-3246
팩스. 02-725-3248
메일. wpress@wkrm.kr
workroompress.kr

ISBN 979-11-94232-15-5 (03690)
15,000원

차례

1. 게임의 UI, 연극의 코러스 ──────────── 7
2. 배신하는 UI들 ──────────────────── 27
3. UI의 실패 조건 ──────────────────── 63
4. UI의 명령과 목표 ─────────────────── 85

부록—게임과 행위 원리: 놀이와 협박 ──────────── 99

1. 게임의 UI, 연극의 코러스

데이비드 크로넌버그가 감독한 영화 「엑시스텐즈」(eXistenZ, 1999)에는 플레이어가 자신의 몸에 직접 콘솔을 연결하여 게임에 접속하는 가상의 기술이 등장한다. 영화의 제목이기도 한 게임 「엑시스텐즈」는 살아 있는 살과 내장, 신경계로 이루어진 콘솔 '팟'(pod)에서 뻗어 나온 탯줄과 같은 플러그를 플레이어의 척추에 삽입하는 방식으로 플레이어와 직접 이어진다. 즉, 영화 「엑시스텐즈」에서 게임과 플레이어는 각각 게임 콘솔과 플레이어의 몸이라는 두 매개의 연결을 통해 물리적으로 하나가 된다. 이러한 접속을 통해 플레이어가 진입하는 게임 속 세계는 접속 이전에 그가 거처하던 현실과 거의 구분되지 않는다. 따라서 플레이어는 게임과의 연결을 끊고 원래 자신이 존재하던 현실로 돌아간 이후에도 그가 경험하는 세계가 게임 밖 현실인지, 게임 속 세계인지 구분하지 못하게 된다. 게다가 팟과 연결된 플레이어는 자신의 본래 의지와는 무관한 어떤 특정 행동들을 취하고자 하는 충동을 느끼고, 결국 그 충동을 행동으로 옮기기까지 한다. 예를 들어, 플레이어는 눈앞에 놓여 있는 음식을 매우 혐오스럽게 여기는 동시에, 그것을 맨손으로 마구 퍼먹고 싶다는 욕구를 느낀다. 플레이어는 그 욕구에 따르기를 거부하고자 하는 의지가 있음에도 어쩔 수 없이 혐오스러운 음식을 게걸스럽게 입안으로 집어넣게 된다. 그림1

　　　명령과도 같은 이러한 "게임 충동"(game urge)이 정확히 어디에서 기원하는지—플레이어와 연결된 팟에서 척추로 주입되는 건지, 아니면 「엑시스텐즈」를 플레이하는 플레이어의 내부에서 자동 발생하는 것인지—영화는 정확히 밝히지 않는다. 작중 플레이어와 팟이 탯줄로 연결되고 하나가 되어 서로 나뉘지 않는 묘사가 보이듯이, 게임 충동의 기원은 애초에 엄격히 규정할 수 없는 것일지도 모른다. 한 가지 확실한 것은 플레이어가 「엑시스텐즈」 속에서 느끼는 게임 충동이 결정적으로 플레이어와 팟 사이

🎬1 영화 「엑시스텐즈」

의 연결을 통해 발생한다는 사실이다.

플레이어는 팟과 연결되지 않을 시 「엑시스텐즈」 안으로 진입해 들어갈 수 없다. 마찬가지로 게임 충동도 느낄 수 없다. 플레이어와 팟 사이의 연결은 「엑시스텐즈」라는 게임 속으로의 진입로이자, 플레이어가 그 게임을 플레이하도록 만드는 동기 혹은 명령의 총체적이고 근본적인 전제 조건이다. 그런데 이 「엑시스텐즈」라는 게임의 접속 원리는 과연 그저 가상의 기술이기만 한 것일까?

이미 우리는 게임을 플레이할 때 어떠한 방식으로든 게임 콘솔이나 컴퓨터 본체의 단말과 접촉하게 된다. 마우스나 조이스틱 등의 물리적인 컨트롤러를 조작하는 식의 직접적인 접촉일 때도 있고, 모니터와 스피커가 송출하는 시청각적 정보를 수용하는 식의 간접적인 접촉일 때도 있다. 우리가 접촉하는 게임 장치들은 비록 피와 살로 이루어진 유기체 덩어리도 아니고 척추에 직접 삽입되지도 않지만, 플레이어를 게임 속 세계로 접속시키는 경로를 구성한다는 점에서 「엑시스텐즈」의 팟과 동일한 기능을 수행한다. 이렇게 플레이어와 게임 사이를 매개하는 연결 단자들을 우리는 사용자 접속 장치, 즉 'UI'(user interface)라고 부른다. 흔히 게임에서 UI라고 하면 'HUD'(heads-up display)나 '메뉴' 등을 가장 먼저 떠올릴 것이다. 그러나 본래 UI는 기계장치와 인간 사이의 소통을 가능케 하는 수단과 공간 그리고 그 총체를 일컫는 말로, 굉장히 넓은 범위를 포괄하는 개념이다. 메뉴나 HUD처럼 시각 정보를 사용한 컴퓨터와 인간의 소통 방식도 UI이지만, 키보드나 마우스와 같이 물리적 차원에서 컴퓨터와 인간 사이를 매개하는 장치 또한 UI라고 할 수 있다. 예를 들어 게임이 컴퓨터의 디스플레이를 통해 아이콘, 버튼, 프레임 혹은 그것들의 집합인 메뉴 등의 시각 정보를 송출해 내면 사용자는 키보드, 마우스, 컨트롤러 등의 물리 장치를 이용해 그것들을 '클릭'해서 조작한다. 이렇게 시각적 UI와 물리적 UI는 각자 다른 매체에 기반을 두는 UI들이지만, 서로 협력하여 사용자를 게임에 접속시키는 복합적인 장치 체계를 구성한다.

이러한 관점에서 게임은 그 자체가 GUI(graphical user interface, 시각적 사용자 접속 장치), AUI(auditory user interface, 청각적 사용자 접속 장치), PUI(physical user interface, 물리적 사용자 접속 장치) 등 여러 가지 형태의 UI들로 이루어진 하나의 연속체라고 볼 수 있다. 게임에서는 보통 물리적인 UI인 PUI보다 시청각적인 UI인 GUI와 AUI가 주요하게 기용된다. 게임은 컴퓨터나 콘솔 내부에서 실행되기 때문에, 컴퓨터나 콘솔 외부의 영역에 속하는 물리적 UI에 직접적인 영향을 미치기에는 한계가 비교적 클 수밖에 없다. 반면 시청각적 UI의 경우에는 게임 그 자신 안에서 자체적으로 구성하고 관할할 수 있으므로 훨씬 자유롭고 광범위하게 활용할 수 있다.

또한 우리가 일반적으로 UI에 포함시키지 않는 시각 정보, 즉 그래픽(graphics) 또한 엄밀히 말해서 UI의 영역에 속한다. 게임의 화면 안에 송출되는 모든 요소는—그것이 단순한 메뉴 화면이든, 일인칭 시점에서 보이는 총을 쥐고 있는 손이든, 삼인칭 시점으로 나타나는 걷고 있는 주인공 캐릭터든, 그리고 그것이 3D

그래픽으로 이루어져 있든, 2D 픽셀 그래픽으로 이루어져 있든 간에 전부—근본적으로 플레이어가 컴퓨터와의 상호작용에서 사용할 수 있는 시각 정보, 즉 GUI이다. 음향(sound) 또한 마찬가지다. 플레이어의 귀에 스치는 총성이나 주인공의 발소리, 목소리, 음악 등 모두가 결국엔 컴퓨터와의 상호작용에서 사용할 수 있는 청각 정보, 즉 AUI이다.

이처럼 UI라는 개념은 사실상 게임을 이루는 모든 구성 요소를 포괄할 만큼 넓은 셈이다. 그렇다면 우리는 그저 단순히 UI가 게임을 구성하는 부분이라고 말하는 것을 넘어서, 'UI가 게임 그 자체다'라고까지 말할 수 있다. 팟이 곧 「엑시스텐즈」 그 자체인 것이다. 영화의 주인공 알레그라 겔러가 자신이 개발한 게임을 지키기 위해 팟 본체를 반드시 살려 내야만 했던 이유도 결국 근본적으로 UI가 게임 그 자체이자 전체이기 때문이다.

이처럼 게임과 플레이어 사이를 매개하는 접속 장치로서 UI의 지위가 「엑시스텐즈」에서 팟이 가지는 지위와 동일하다면, UI는 팟 혹은 「엑시스텐즈」라는 게임 자체가 플레이어에게 게임 충동을 느끼도록 명령하는 기능까지도 똑같이 수행하고 있는 것일까? 이미 짐작하고 있겠지만, 답은 '그렇다'이다.

앞서 언급한 HUD와 메뉴가 바로 현실의 게임에서 게임 충동을 유도하는 대표적인 두 가지 UI 장치다. 이러한 UI들이 가지는 공통적인 특징이 있다. 이들은 '게임플레이'(gameplay)—게임의 그래픽 및 음향과의 직접적인 상호작용이 통합된 총체적인 게임 경험—의 영역과는 다소 분리된 채, 정보의 전달과 입출력 같은 소통의 역할에 좀 더 집중한다. 여기서는 이들을 편의상 '순수 UI'라 칭하도록 하겠다.

이 순수 UI 중의 하나인 HUD는 게임플레이의 한 겹 위—주로 사용자가 시선을 이동하지 않은 채 볼 수 있는 곳—에서 참가자에게 게임플레이에 도움이 될 수 있는 시각 정보들을 나타내어 주는 UI 체계이다. 주로 게임 참가자가 조종하는 주인공 캐릭터의 상태 정보—체력 수치, 현재 들고 있는 무기의 조준선, 사용 가능한 기술들의 목록, 보유하고 있는 자원의 남은 양 등—를 나타내는 역할을 한다. 그 외 HUD가 나타내는 부가적인 항목들로는 게임 속 세계에 관한 정보—적들 및 기타 NPC(non-playable character)[1]의 체력, 지도, 숨겨진 아이템(item)[2]의 종류와 위치, 시간과 날씨 등—가 있다. 메뉴는 플레이어가 선택, 조정, 수행할 수 있는 기능의 모음을 일컫는다. HUD와 다르게 메뉴는 게임플레이 진행 화면과 별개의 화면에 나타난다. 일례로 게임의 설정, 캐릭터의 인벤토리(inventory),[3] 퀘스트(quest)[4] 목록 등이 있다.

그리고 이러한 순수 UI들은 게임 참가의 입구 역할을 할 뿐만 아니라, 그 입구 앞에서 참가를 유도하고 종용하고 설득하는 호객꾼의 역할까지 도맡아서 수행한다. 가장 표면적인 차원에서 보자면, 호객꾼의 역할을 수행하는 대표적인 UI로 참가자에게 게임플레이의 개괄적인 방법을 안내하는 '튜토리얼'(tutorial)을 들 수 있겠다. 그러나 여기서 말하는 호객꾼의 역할은 튜토리얼 같은 표면적인 지시 장치에 국한되지 않으며 게임 내의 모든 UI가 공통적으로 행하는 것이다. 예시를 들어 쉽게 풀어내 보겠다. 튜토리

---

1. 플레이어가 직접 조종할 수 있는 PC(playable character)와 달리 플레이어의 통제를 벗어나 게임 속 세계에서 독자적으로 플레이어 캐릭터와 상호작용 하는 인물들을 일컫는다.
2. 게임 세계에서 인물이 취득하여 소유할 수 있는 물건을 일컫는다.
3. 게임 세계의 인물이 습득한 아이템을 보관할 수 있는, 개개인에게 할당된 저장 공간을 일컫는다.
4. 플레이어가 특정한 목표를 수행했을 때 그에 상응하는 보상을 지급하는 임무 시스템으로, 플레이어가 한 인물의 역할에 몰입하는 게임인 RPG(role-playing game) 장르에서 많이 기용된다.

얼처럼 UI가 플레이어에게 '체력을 올리세요!'라고 직접 일러 주지 않더라도, HUD가 주인공 캐릭터의 체력이 낮아졌음을 표시해 주면 플레이어는 체력을 복구하려고 한다. 메뉴에 표시된 게임 설정을 본 플레이어는 자신의 게임플레이가 윤택해지도록 그 설정을 조정하고 싶은 욕구를 가지게 된다.

즉, HUD와 메뉴가 화면에 정보와 기능을 표시하면, 그것을 본 사용자는 어떤 욕구를 가지고 그에 따라 행동하도록 유혹받는다. 마치 길거리에 붙어 있는 광고판들이 '당신은 내가 필요하다. 나를 구매하라'라고 유혹하는 것처럼 말이다. HUD는 주인공 캐릭터의 떨어진 체력을 나타냄으로써 플레이어에게 '이것을 채우라'라고 유혹하고, 메뉴 화면은 '그래픽 설정'이라는 텍스트를 표시함으로써 '이것을 조정하라'라고 유혹하는 것이다.

그런데 광고판은 일방적으로 자신을 보행자에게 내보이고, 보행자는 애초에 광고판과 소통하거나 교류하려는 의도를 품은 적이 없기에 쉬이 지나친다. 따라서 광고판의 유혹은 어디까지나 유혹의 차원에 남는다. 반면 게임의 플레이어는 게임 속에 주어진 이것저것을 건드려 보기로, 즉 상호작용 하기로 결심한 채로 게임에 먼저 다가간다. 그래서 게임 내 UI들이 행하는 유혹은 게임이 하는 이야기를 듣고 몰입할 준비가 되어 있는 사용자에게 그가 어떤 욕구를 가질 것인지를 제한하고 그를 일정한 방향으로 유도하는 명령으로 진화한다.

무언가를 조작하고 작동하고 움직이고 싶은 플레이어는 자신이 무엇을 건드릴 수 있는지를 궁금해한다. 만약 그런 플레이어 눈앞의 화면에 '공격', '방어', '회복'의 세 가지 버튼이 주어져 있다고 가정해 보자. 플레이어는 우선 이 세 가지 외에 선택할 수 있는 제4의 버튼이 존재하는지를 찾는다. 그런데 저 셋 외에 플레이어가 상호작용 할 수 있는 버튼이 존재하지 않는다면 플레이어는 결국 '공격', '방어', '회복' 세 가지 행위 중 하나는 '반드시' 행하게 된다. 플레이어는 어쨌든 게임 안에서 무언가를 '행하러' 왔기에 그 어떤 것이라도 행하지 않고서는 배길 수가 없다. 따라서 이 시점에 '공격', '방어', '회복'의 선택지들은 '공격하거나 방어하거나 회복하거나 이 셋 중 하나는 반드시 행하라'라는 명령이 된다. 만일 선택지가 '공격' 단 하나밖에 없다면 그때는 단순히 '공격하라'라는 직선적인 명령이 된다.

이와 같이 플레이어가 직접적으로 선택할 수 있고 상호작용 할 수 있는 버튼들은 UI 중에서도 메뉴에 속하는데, 메뉴가 아닌 HUD의 경우에도 일련의 명령을 발생시킬 수 있다. 앞서 언급한 주인공 캐릭터의 체력 상태를 나타내는 HUD인 '체력 바'(health bar)는 그 수치가 완전히 떨어지면, 플레이어가 게임을 더 이상 진행할 수 없게 되는 '게임 오버'(game over)로 게임플레이의 상태를 전환한다. '나를 채우라'라는 명령을 따르도록 강제하는 것이다. 나아가 게임에는 HUD나 메뉴가 독자적으로 발생시키는 단순하고 직접적인 명령 이상의 것이 존재한다. 다양한 형태의 여러 UI가 발생시키는 간접적인 명령들이 복합적으로 관계함으로써, 때론 '나를 채우긴 채우되 가득 채우지는 말고 10퍼센트 이하의 적은 양만을 보충한 다음에 그 밑으로 수치가 떨어지지 않도록 계속해서 꾸준히 유지하라'와 같은 다층적인 명령을 이루기도 한다. UI의 명령은 본질상 UI의 총집합체인 게임 속에 변함없이 편재하는 것이다.

그렇다고 해서 UI의 명령이 언제나 플레이어의 행동에 절대적이거나 지배적인 영향을 끼치는 것은 아니다. 어떤 플레이어들은 오로지 본인의 집중력과 인내를 시험하고자 일부러 단 1포인트의 체력만을 남겨 두고 게임을 처음부터 끝까지 플레이하기도 한다. 이때 명령은 플레이어 스스로에게서 발생한다. 더 정확히는 플레이어가 가진 놀고 싶다는 욕구, 재미와 즐거움에 대한 욕구에서 발생한다. 그러나 플레이어가 명령을 자발적으로 고안하는 데에 주인공 캐릭터의 체력 상태를 나타내는 HUD가 근본적인 촉매제가 됨은 부정할 수 없을 것이다.

결국 UI는 플레이어가 게임에 참여하고자 진입하는 통로인 동시에 플레이어의 참여를 유도하고 유혹하며 명령하는 장치이다. 우리는 고대 그리스인들의 연극 무대에서 게임의 UI와 정확히 같은 역할을 수행하는 구성원을 찾을 수 있다. 바로 시민 합창단, 즉 '코러스'(chorus)이다.

　　플레이어와 게임플레이 사이에서 둘을 연결하는 UI처럼 코러스는 관객석과 무대 사이에 따로 설치된 '오케스트라'(춤추는 마당) 위에서 춤추고 노래하는 '합창단'으로서 관객이 무대 위 연극 세계에 몰입하도록 유도했다. 그들은 극 안에서 원로, 여성, 노예 들과 같은 하나의 집단이자 대중의 역할을 맡아 극 안의 주요 사건—주인공(영웅), 세계, 신 등이 어떻게 고통을 겪고 영광을 누리는지—을 관조했다.[5] 다시 말해, 코러스는 단지 사건을 관조할 뿐, 그것에 개입하거나 영향을 끼치지는 않았다. 코러스의 역할은 어디까지나 경고, 조언, 탄원 등과 같은 주변적 첨언에 한정되었다.[6]

> 저기 펜테우스의 어머니 아가우에가 눈이 뒤집힌 채
> 이 궁전으로 달려오는 것이 보이는구나.
> 그대들은 환희의 신의 행렬을 맞도록 하세요.[7]

UI도 게임 속 세계에 직접적으로 간섭하지는 않는다. HUD는 플레이어에게 게임플레이에 중요하거나 필요한 정보를 알기 쉽게 실시간으로 전달하는 역할만을 맡을 뿐, 그 자신이 게임플레이 자체와 접촉하진 않는다. 예를 들면, HUD의 일종인 자막을 통해서 플

---

5. 프리드리히 니체, 『비극의 탄생』, 박찬국 옮김(서울: 아카넷, 2007), 125-126.
6. Patrice Pavis, **DICTIONARY OF THE THEATRE: TERMS, CONCEPTS, AND ANALYSIS,** trans. Christine Shantz (Toronto: University of Toronto Press, 1998), 54.
7. 에우리피데스, 「박코스 여신도들」, 『에우리피데스 비극 전집』 2권, 천병희 옮김(고양: 숲, 2009), 498.

레이어는 등장인물의 목소리나 효과음 등이 문자화되어 화면에 나타나는 것을 인식할 수 있다. 그러나 통상적으로 그러한 문자들은 게임 속 세계와는 분리된 자신만의 고유한 공간 안에 나타나며 게임플레이 내부로 침입하지 않는다. 게임플레이 속 그래픽 또한 자막 공간의 경계를 넘는 일이 없다.

  물론 메뉴의 환경 설정과 같이 UI가 게임플레이의 조건이나 표현 방식 등을 변경하는 경우도 있다. 하지만 이는 UI가 하나의 가정된 현실인 게임 속 세계로 침입하여 영향을 끼치는 것—코러스가 무대 공간 위 세계에 직접 올라가서 극의 구성을 바꾸는 것—이라기보다는, HUD보다도 더욱 게임플레이와 분리된 외부적인 차원에서, 그러니까 연극으로 따지면 극장에 해당하는 층위에서 극을 조정하는 것이라고 할 수 있다. 현대 연극에서 2,500년 전의 코러스 전통이 표면적으로는 어언 사라진 듯 보이지만, 완전히 사라진 것이 아니라 극장이나 객석과 같은 연극의 물리적 UI로 치환되었다고 할 수 있다.

가장 중요한 것은 이처럼 무대의 주변부이자 관조자인 코러스가 무대 위에서 벌어지는 사건들을 실제로 벌어지는 일처럼 생각해야만 했다는 점이다. 그들은 연극 속 세계와 무대 위의 신(神)이 자신과 마찬가지로 실재한다고 여겼다.[8] 마치 게임에서 UI가 게임 속 세계의 실재성을 믿는 것처럼 말이다. 예를 들어 '지도' 메뉴는 마치 '맵'(map)—게임 속 주인공이 직접 탐험할 수 있는 가상적 공간과 지형 전체—을 객관적인 현실 공간으로 인지하고 있는 것처럼 그려 낸다. 심지어 '인터랙티브'(interactive) 지도—플레이어가 그 위에다 특정 장소를 기억하기 위한 표시를 직접 그려 넣을 수 있고, 현재 게임 속에서 벌어지고 있는 지형, 도시, 국가, 인구, 민족, 세력의 변화까지 실시간으로 표시하는 지도—는 게임

---

8. 프리드리히 니체, 『비극의 탄생』, 110–112.

내 세계의 시간성마저 자신과 함께 실재하는 것처럼 반영한다.

      주인공 캐릭터의 체력이 일정 수치 이하로 떨어질 경우, 캐릭터의 체력 바 HUD는 주인공의 위태로운 목숨, 그리고 그에 따르는 다급함을 자신이 직접 느끼고 있기라도 한 것처럼 붉게 깜박거린다. 어떤 경우에 체력 바는 '위험!!!'이라는 텍스트를 띄워 가며 스스로가 절실히 느끼는 급박함을 직접적으로 표현한다. 이 시점에서 게임 「사이버펑크 2077」(Cyberpunk 2077, 2020)의 '퀘스트 메뉴'가 현재 플레이어가 수행해야만 하는 퀘스트를 서술하는 부분을 보자.

> 이 도시 녀석들은 언젠가 쓰레기통에서 보물을 찾아 두 다리 쭉 뻗고 살 거라는 꿈을 꾸지. 돈이 가득 든 가방이나, 기업의 일급 기밀이 담긴 샤드, 비싸게 팔리는 최신 기술의 임플란트 같은 거 말이야. 문제는 보통 그런 물건의 주인은 금방 나타난다는 거야. 그것도 똥 씹은 표정을 하고서. 그러니까 이 시궁창 쥐 같은 놈들을 위해 가방을 뺏어 와. 주인이 나타나서 놈들을 다 죽여 버리기로 결심하기 전에 말이야.[9]

> 공사판 일도 나름 장점이 있어. 얼굴에 부는 산들바람, 어깨에 내리쬐는 햇빛, 게다가 비릿한 기업 냄새도 없지. 손에 잡히는 결과물을 세상에 내보일 수도 있고, 정직하고 보람찬 노동이지. 물론 나이트 시티는 뭐든 좆같이 만드는 재주가 있어서 문제지만.[10]

---

9. 「사이버펑크 2077」 중 '특별 배송' 퀘스트 설명.
10. 「사이버펑크 2077」 중 '사이버 사이코 목격: 할인 중인 리퍼닥' 퀘스트 설명.

그리고 소포클레스의 희곡 「오이디푸스 왕」에서 코러스가 탄원하는 목소리를 들어 보자.

> 제우스의 달콤한 목소리의 말씀이여,
> 너는 무엇을 전하려 황금이 많은 퓌토에서
> 영광스러운 테바이로 왔는가?
> 나는 가슴이 설레고 마음이 불안하여
> 공포에 떨고 있노라,
> 비명을 들으시는 델로스의 치유자여,
> 그대 앞에 삼가 두려움을 느끼며,
> 네가 내게 이루고자 하는 것은 새로운 고통인가,
> 돌고 도는 세월 따라 다시 돌아온 고통인가?
> 말해 다오, 불멸의 목소리여,
> 황금 같은 희망의 딸이여!
> (…)
> 아, 슬프도다! 내가 견뎌야 할 고통은 헤아릴 수 없구나.
> 내 백성들은 모두 병들었건만,
> 내 생각은 이를 막아 낼 무기를 찾지 못하는구나.
> 영광스런 대지의 열매는 자라지 못하고,
> 여인들은 아이를 낳다가 산고의 비명에서 일어나지 못하는구나.
> 그대도 보다시피, 목숨이 잇달아
> 날랜 날개의 새처럼, 날뛰는 불보다 힘차게
> 서방신(西方神)의 강기슭으로 달려가는구나.
> 헤아릴 수 없는 죽음으로 도시는 죽어 가고,
> 이 도시의 자식들은 동정도 문상도 받지 못한 채
> 땅바닥에 누워 죽음을 퍼뜨리고 있구나.
> 거기에 맞춰 아내들과 백발의 노모들은
> 여기저기서 제단으로 몰려가 통곡하며
> 쓰라린 고통에서 구해 주기를 애원하고 있구나.

> 구원을 비는 기도 소리가 울려 퍼지고, 거기에 뒤섞여
> 곡소리도 들리는구나. 이를 막기 위해 고운 얼굴의
> 구원을 보내 주소서, 제우스의 황금 같은 따님이시여![11]

「오이디푸스 왕」의 위 발췌문에 따르면 도시 테바이에서는 현재 역병으로 인해 땅바닥에 시체가 널려 있고, 여인들은 한없이 울부짖으며, 신음과 고통의 소리가 끝날 줄을 모른다. 코러스는 이러한 현실에 자신들도 속해 있다고 믿는 채로 이야기한다. 그 때문에 코러스는 가슴이 설레고 마음이 불안하여 공포에 떠는 등 그 현실로부터 "육체적, 경험적으로" 영향을 받게 된다.[12]

한편 「사이버펑크 2077」의 배경이 되는 '나이트 시티'는 비릿한 기업 냄새가 감도는 도시로, 이곳에서는 누구나 쓰레기통에 버려진 물건을 뒤져 인생 역전을 노리는 시궁창 쥐 같은 인생을 살 수밖에 없다. 이 게임의 퀘스트 메뉴는 이 도시에 대한 혐오감을 시종일관 감출 생각이 없어 보인다. 물론 퀘스트 메뉴는 코러스처럼 자신이 느끼는 감정을 직접적으로 표현하고 있지 않다. 그러나 서술의 태도에서 경멸을 읽어 내기란 그다지 어렵지 않다. 이 도시에서는 "돈이 가득 든 가방", "기업의 일급 기밀이 담긴 샤드", "비싸게 팔리는 최신 기술의 임플란트"같이 값비싼 물건들의 주인이 우연히 그것들을 주운 가난한 시민을 자신의 경제적, 계급적 위치를 이용해 언제든지 살해할 수 있다. 퀘스트 메뉴의 입장에서 나이트 시티는 "뭐든 좆같이 만드는 재주"를 가진 곳임이 분명하다.

이처럼 코러스와 UI는 각각 연극 속 세계와 게임 속 세계의 실재성을 믿는다. 그럴 수 있는 이유는 다름 아닌 코러스와 UI가 각각 연

---

11. 소포클레스, 「오이디푸스 왕」, 『그리스 비극 걸작선』, 천병희 옮김 (고양: 숲, 2010), 175-177.
12. 프리드리히 니체, 『비극의 탄생』, 112.

극과 게임의 근원이기 때문이다. 우선 연극의 경우, 초기의 극장은 별도의 무대 없이 "관객석과 중앙 제단과 합창단석으로만 이루어져 신의 제단 주위로 합창 소리가 울려 퍼지도록 했다."[13] 즉, 연극에는 원래 연기하는 배우가 존재하지 않았으며 오직 합창단과 관객만이 존재했다. 따라서 "연극은 합창단으로부터 발생했으며, 연극은 근원적으로 합창이고 그 이외의 아무것도 아니다."[14] 이렇게 연극은 코러스에서 발생했고 그리하여 본질적으로 코러스 그 자체이다. 한편 이와 마찬가지로 게임도 앞서 언급했듯이 모든 부분에서—게임플레이의 영역에서든 순수 UI의 영역에서든—근본적으로 UI의 연속체이다.

코러스는 연극 속 세계가 실재한다고 간주한다. 이와 평행하게, UI도 게임 속 세계가 실재한다고 간주한다. 이는 당연한 일이다. 연극도 게임도 어디까지나 코러스와 UI로부터 뻗어 나온 존재라면, 이는 '내 몸'에게 '나'가 실존하는지를 묻는 것과 같은 차원의 문제이다. 내 팔과 내 눈은 '나'라는 개체를 '믿고' 그것의 '실제 같은' 작동을 위해 자신의 기능 전체를 투자한다. 실존주의적으로 개인의 자아가 얼마만큼 현실인지와 별개로 말이다. 산호초의 폴립(polyp) 하나하나는, 존재론적 의중이나 진실 따위는 차치하고, 군체의 현존을 어쨌든 '가정'한다. 그러므로 코러스와 UI는 그것이 작동하는 동안에는, 즉 각 개별적 단말로서 기능이 유효하여 '살아 있다'고 할 수 있는 동안에는, 연극/게임 속 세계를 실재하는 것으로 여기고 그로부터 스스로를 분리하지 않는다. 그런데 코러스와 UI는 각각 관객과 플레이어마저도 연극/게임 세계 속으로 끌어들여 몰입시킨다. 이는 어떻게 가능한가?

우선 연극의 근원, 즉 무대 상연 없이 코러스만 존재하는 극장이 있었던 시기로 다시 돌아가 봐야 한다. 이 당시의 극장에서

13. 같은 책, 125.
14. 같은 책, 108.

는 배우들이 연극 속 세계라는 '환영'을 구축하지 않았다. 그럼에도 불구하고, 코러스의 역할이자 본질은 여전히 어떤 '세계'가 자신과 같이 실재한다고 여기고 또 이 세계 속으로 관객을 이끌고 들어가는 것이었다. 이 세계는 바로 '디오니소스'의 세계다.

니체에 따르면 "디오니소스적인 것"은 "도취"에서 오는 전율, "황홀감"과 같은 것인데, 이 도취는 '나'라는 존재가 그 개체성을 포기하고 주체로서 사라지게 만드는 몰아 혹은 "자기 포기"의 현상이다. 코러스가 자기 자신을 발견하는 세계, 즉 디오니소스적 세계는 훗날 인위적으로 만들어지게 되는 무대 공간과 달리 환영도 가상도 아니다. 나아가 디오니소스적 세계는 현실과 대비되는 가상이 아닐 뿐만 아니라, 디오니소스적 세계 속에서는 현실과 가상이라는 개념과 둘 사이의 대비 자체가 존재하지 않는다. 디오니소스적인 것의 몰아 속에서는 나와 세계 사이의 구분, 현실과 가상 사이의 구분이 사라진다. "이제 곤궁과 자의 혹은 '뻔뻔스런 작태'가 인간들 사이에 확정해 놓은 완강하고 적대적인 모든 제한이 파괴된다." 고대 그리스 연극이 코러스를 필요로 했던 것은 "자신을 현실 세계로부터 완전히 차단하고 자신의 이상적 지반과 자신의 시적인 자유를 획득"하고자 자기 주변에 "살아 있는 성벽"을 쳐 놓기 위해서였다.[15]

디오니소스적 현실은 "우스꽝스럽고 치욕적인", "구역질" 나는, "허위투성이의 가식"인 경험적 현실과는 구분된다. 오히려 디오니소스적 현실은 "모든 문명의 배후에 소멸되지 않고 살아 있으며, 세대가 바뀌고 민족의 역사가 아무리 변하더라도 영원히 동일한 것으로 남아" 있는 "근원적 일자", "사물의 영원한 핵심인 물자체", "존재의 핵심에 존재하는 영원한 삶", "자연의 본질", "진리"의 현실이다. 즉, 디오니소스적 현실은 무대 위에서만 존재하는 '가상'의 현실이 아니며, 그렇다고 "주위 관람석에 자리

---

15. 같은 책, 58, 60, 69, 112-113.

잡고 있는 교양인들"의 경험적 현실도 아니다. 그것은 무대 위에서든 무대 바깥에서든 모든 자연과 삶 그 자체를 "눈부시게 반영하는 신들이나 불멸의 피안"의 현실이다. 그리고 그리스 비극의 기원을 이루는 코러스가 소요했던 곳이 바로 이 "'이상적인' 땅이며 죽음을 면할 길이 없는 인간들이 걸어다니는 땅보다 훨씬 더 드높이 솟아 있는 땅", 즉 디오니소스적 현실의 공간이었던 것이다. 그리스인은 "가공의 자연 상태를 나타내는 공중의 가설무대"를 만들고 그 위에 "가공의 자연 존재", 즉 코러스를 세워 놓았다. 그리고 이 세계는 "하늘과 땅 사이에 상상력을 통해 삽입된 자의적인 세계"가 아니라, 신앙심 깊은 그리스인에게 올림포스산과 그 위의 신들이 그랬듯 "현실성과 신빙성을 지닌 세계"였다. 코러스는 "신화와 제의에 의해서 성화된 종교적인 현실" 속에서 살고 있었다.[16]

결국 코러스는 이러한 '성화'로 인해 연극 속에서 가공의 자연 존재, 즉 자신이 아닌 존재로 변화하고, 이 과정에서 자아를 버린 채 경험적 현실 저편의 영원한 진리 속으로 들어가 '디오니소스적 황홀경'을 느끼게 된다. 지금 코러스에서 벌어지고 있는 일은 도취, 즉 원래의 '나'가 아닌 "다른 존재 속으로의 진입에 의한 개체의 포기", "자신의 눈앞에서 자신이 변하는 것을 보고 마치 자신이 다른 사람의 몸과 성격 속으로 들어간 것처럼 행동하는 것"이다. 그리고 디오니소스적인 것으로서 이러한 도취가 바로 "연극의 근원 현상"이다. 그리고 이제 이렇게 자신들이 디오니소스적 현실 위에 올려놓은 이 코러스를 통해 고대 그리스 연극 무대의 관객은 "자신이 사라지는 것을" 느끼게 된다. 관객은 "합창석의 합창단[코러스]에서 자기 자신을 재발견했으며 근본적으로 관객과 합창단[코러스] 사이에는 대립이 없었"기 때문이다.[17]

16. 같은 책, 61, 115, 117, 119-121.
17. 같은 책, 114, 120, 123.

> 우리가 알고 있는 바와 같은 관중은 그리스인에게는 알려져 있지 않았다. 관람석이 중심을 향해서 내려가는 반원형 계단식 구조로 되어 있는 그들의 극장에서는 모두가 자기 주위의 모든 문화 세계를 완전히 무시하고 무대를 만족스럽게 내려다보면서 자기 자신이 합창단의 일원인 것처럼 착각할 수 있었다. 이러한 통찰에 따라서 우리는 근원적인 비극의 원시적 단계였을 당시의 합창단을 디오니소스적 인간의 자기 반영이라고 불러도 좋다. 이러한 현상은 진정한 재능을 가지고 있어서 자신이 맡은 역할의 인물이 자기 눈앞에서 손에 잡힐 것처럼 선명하게 움직이는 것을 보는 배우를 통해서 가장 명료하게 이해될 수 있다.[18]

코러스는 "무엇보다도 디오니소스적 대중이 떠올리는 환영"이며, "무대 위의 세계"는 코러스가 떠올리는 "환영"이다. 이것들은 그저 환영으로만 남는 것이 아니라 "마법에 걸린 상태", 즉 디오니소스적 몰입의 경험 속에서 하나의 현실로 통합되고 실재하는 것이 된다. 관객은 자신을 코러스로 보고 코러스로서 그는 다시 무대 위의 세계를 바라본다. 즉, 그들은 코러스로 "변신한 가운데 자신의 상태의 아폴론적 완성으로서 새로운 환영을 자기 밖에서 보는 것이다."[19]

여기서 환영의 성질인 것으로 여겨지는 "아폴론적"인 것이란, 이를테면 관객이 무대 공간과 철저하게 분리된 객석에 앉아 자신에게 영향을 끼치지 못하며 자신의 존재에게 안전한, "병적"이지 않은 "가상"의 세계를 관조하는 것이다. 니체는 아폴론적 관조가 바로 "꿈의 경험" 속에서 일어나는 일이라고 설명했는데, 몰입의 경험 속에서 자기 자신을 잃어버리는 디오니소스적 도취와는 달리 꿈속에서는 눈앞에 펼쳐지는 일들이 "가상이라는 어렴풋

---

18. 같은 책, 121. 강조는 인용자.
19. 같은 책, 121, 124.

한 느낌이 존재한다." 다시 말해 아폴론적인 관조자는 자신과 안전한 거리를 두고 분리된 세계 앞에 "고요히 앉아" 관조할 수 있다는 "개별화의 원리"를 믿는 것이다.[20]

하지만 고대 그리스 연극에서 코러스는 '무대 위의 세계' 속에서 자기 자신을 다시 발견하고, 결국 이 무대 위의 세계가 곧 자신들의 현실로서 실재한다고 여긴다. 따라서, 앞서 말했듯 관객은 자신을 코러스로 보기에, 궁극적으로 관객에게 저 아폴론적이었던 "새로운 환영"은 디오니소스적으로 실재하는 것이 된다.

나아가, 연극의 초창기에 무대―본래 합창단 뒤의 신의 제단이었던―의 주인공은 디오니소스 신이었다. 그런데 디오니소스는 "진실로 존재하는 것이 아니고 단지 존재한다고 상상된 것"에 불과했다. 유일하게 실재하는 것은 코러스―"환영을 자신으로부터 산출해 내고 이 환영에 대해서 춤과 음향과 언어라는 모든 상징법을 사용해서 이야기하는 합창단"―뿐이었다. 나중에 가서야 디오니소스를 실재하는 것처럼 표현하고 디오니소스를 둘러싼 환영을 눈에 보이는 형태로 변용하려는 시도가 이루어졌는데, 니체는 현재에 일컫는 좁은 의미의 '연극'이 그와 함께 시작되었다고 말한다. 즉, 코러스는 "전체 대화, 즉 무대 세계 전체, 연극 자체의 모태"로서, "연극에 고유한 것인 '연기'보다 오래된 것이고 더욱 근원적이고 더 나아가 더욱 중요"하다.[21]

그리스 비극, 나아가 연극에서 '연기'와 같이 무대 위에서 형성되는 "환영"은 "아폴론적 형상 세계"를 이루는 것이다. 그리고 비극의 근원인 "디오니소스적 합창", 즉 코러스는 이 무대 위 아폴론적 환영으로 항상 새롭게 자신을 방출해 낸다. 아폴론적 환영과 디오니소스적 근원 사이의 관계는 마치 꿈의 개별적 심상, 표상, 기표 들이 무의식 또는 초자아와 맺는 관계와 같다. 니체는 무

---

20. 같은 책, 55, 57.
21. 같은 책, 124-127.

대 위의 이러한 서사적 가상이 아무리 구체화되고 객관화된다 하더라도 어디까지나 그 근원에는 디오니소스적 본질이 뿌리박고 있음을 강조했다. 따라서 극세계에서 일어나는 일은 근본적으로 "아폴론적인 구원"이 아니라 정반대로 "개체의 파괴와 개체의 근원적 존재와의 합일"인 것이다. 요컨대, 연극은 "디오니소스적 인식과 활동의 아폴론적 구체화"라고 할 수 있으며, "마법에 걸리는 것이 모든 극예술의 전제이다."[22]

그리고 지금 여기 연극의 코러스에서 벌어지고 있는 일이 바로 게임 속 UI에서도 마찬가지로 발생한다. 연극 무대 위의 아폴론적 환영이 갖는 '서사적 성격'은, 게임플레이―플레이어가 게임의 고유한 가상 세계 속에서 벌어진다고 가정하게 되는 경험―가 순수 UI들에서 분리된 채로 갖는 '놀이성'(playfulness)의 특징들과 같다. 즉, 이러한 아폴론적인 즐거움, 혹은 "'가상'의 쾌감"이 나타나는 장소가 바로 게임플레이의 세계인 것이다. 그런데 플레이어가 이 게임 속 세계로 진입하고 싶은 욕망을 가지도록 자극하는 것은 순수 UI이다. 따라서 플레이어는 게임플레이가 제공하는 아폴론적 즐거움을 느끼기 위해 순수 UI를 중간에 경유할 수밖에 없다. 디오니소스적 몰입 장치로서 끊임없이 플레이어의 자아에게 게임 속 세계와 하나가 될 것을 명령하는 순수 UI 말이다.

결국 연극에서의 디오니소스적 몰입 장치인 코러스가 아폴론적 환영 장치인 무대 위의 세계를 통해 "디오니소스적 상태"를 객관화하여 드러내는 것과 같이, 게임에서는 UI가 플레이어로 하여금 게임플레이라는 아폴론적 가상 속에서 자아를 버리고 디오니소스적인 근원과 합일을 이루어 도취에 빠지도록 만든다. 이런 측면에서 보자면, 영화 「엑시스텐즈」에서 팟을 통해 접속하는 세계가 플레이어에게 자신이 기존에 경험하고 있던 현실 세계와

---

22. 같은 책, 124-125.

사실상 구분되지 않는 것도 단순히 SF 창작물에 나타난 상상적 표현의 산물이라고만은 할 수 없는 노릇이리라.

2. 배신하는 UI들

그렇다면 UI, 즉 '게임의 코러스'가 디오니소스적 몰입 장치의 역할을 행하는 실제 예시로는 어떤 것이 있을까? 디오니소스적 황홀경—플레이어로 하여금 자신이 지금까지 경험한 현실과 게임 속 세계를 구분하지 못하게 만들 뿐 아니라 경험적 현실을 '덧없고, 우스꽝스럽고 치욕적이며, 구역질 나는 허위투성이의 가식'으로 느끼게 만드는—을 느끼게 해 주는 UI를 가진 게임으로는 어떤 것이 있다는 말인가? 우리는 여기서 UI만의 고유한 특성, 즉 디오니소스적 몰입 장치로서의 잠재력에 관해 이야기하기 위해서, 게임플레이와 구분되는 순수 UI인 'HUD'와 '메뉴'에 대해 집중적으로 들여다보고자 한다.

앞서 우리는 HUD와 메뉴 모두 플레이어를 게임 속 세계 내부로 끌어들일 뿐만 아니라 플레이어에게 직접 게임을 플레이하도록 유도하는 일련의 명령을 내린다는 공통적 특징이 있음을 살펴보았다. 그렇다면 이번에는 둘 사이의 차이를 한번 알아보도록 하자. 대다수의 플레이어는 플레이 도중 잠시 볼일이 있거나 휴식을 취할 때—화장실에 다녀온다든지 밥을 먹고 온다든지 담배를 피우고 온다든지—게임을 아예 종료하는 대신 메뉴 화면을 실행해 놓고 다녀온다. 이렇게 메뉴가 띄워져 있는 동안에는 통상적으로 게임이 실시간으로 진행되지 않는다. 다만 플레이어는 이 얼어붙은 시간 속에서 코러스 전체를 조망하거나, 메뉴가 내리는 명령을 수행하고 환경 설정을 조정하는 등 UI의 각 부분과 상호작용을 할 수도 있다.

반면 HUD는 게임플레이의 영역과 분리되어 있음에도 언제나 게임플레이 화면 상공에 부유하기 때문에 항상 게임플레이와 동기화된 시간성을 가질 수밖에 없다. 이와 달리 메뉴는 공간뿐만 아니라 시간의 차원에서까지 게임플레이와 분리되기에, 게임플레이와 시간성을 공유하는 HUD보다 게임플레이로부터 거리가 멀다는 차이가 있다. 그리고 이렇게 시간이 정지되는 메뉴 화면을 통해 플레이어는 줄곧 실시간으로 이루어지는 게임플레이 속에서 느끼던 긴장을 잠시 내려놓고 방심할 수 있는 여유를 얻는다. 메뉴 화면은 게임플레이 바깥에 설치된 관리실이자 휴식 공간인 것이다. 旦 2

이렇게 메뉴 화면이 게임플레이로부터의 피난처로 작동할 수 있는 근거가 하나 더 있다. 바로 기본적으로 게임의 코러스들이 플레이어에게 아주 깊은 신뢰를 제공한다는 것이다. 게임플레이의 송출 내용—게임 속 세계의 상황, 풍경, 지형, 위치 등—이 시시각각 변화무쌍하게 달라지는 것과 달리, 메뉴나 HUD 같은 UI의 경우 송출 내용의 틀과 형식이 대개 단단히 고정되어 그 안에서만 작동한다. 이로써 UI는 플레이어가 예측할 수 있을 만한 표현 자료만을 제공한다. UI는—연극에서 코러스가 관객에게 그러듯이—어떤 일관된 형태를 유지함으로써 플레이어에게 자신이 '믿을 수 있는 목소리'임을 약속하는 것이다. 다만 HUD는 특유의 공간적 인접성으로 인해 게임플레이와 같은 시간 속에 존재할 수밖에 없다. 그래서 게임플레이로부터 자신의 시간까지 완벽히 분리해 내는 메뉴보다는 비교적 일관성이 낮기 때문에, HUD는 피난처의 지위까지는 획득하지 못한다. 旦 3

그런데 사실 <u>이 약속의 근거는 그 어디에도 존재하지 않는다</u>. 애초 코러스 자신들은 플레이어에게 명시적으로 신뢰성을 약속한 적이 없다. 오히려 플레이어가 그들의 항상성만을 보고 일방적으로 그들을 믿어 버린 것에 가깝다. 이는 마치 민주주의에서 시민 혹은 대중의 목소리가 그 머릿수만으로 허황된 신빙성을 자동으로 획득하는 과정을 떠올리게 한다. 본래 코러스가 "민중"과 "민주주의적 아테네 시민들"을 대표하는 목소리로 간주되었다는 점을 생각하면, 이는 당연한 일이기도 하리라.[23]

---

23. 같은 책, 108–109.

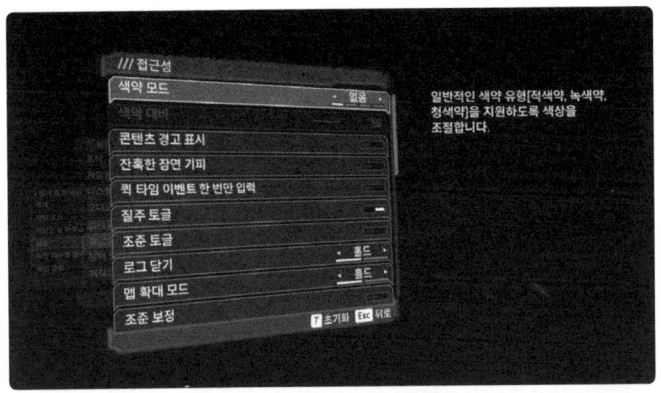

그림 2 「데드 스페이스」의 메뉴
그림 3 「에이펙스 레전드」의 HUD

UI가 약속한 공고한 일관성에 사실 아무 근거가 없다는 점은, 곧 UI가 그 일관성을 스스로 언제든지 박살 내 버릴 수 있음을 의미한다. 그래서 UI가 그 전까지의 고정된 양식을 위반하는 모습을 보여준다면, UI의 공간을 게임플레이의 예측 불가능한 노도(怒濤)로부터 빠져나온 유일한 안전 영역으로 간주하여 방심하고 있던 플레이어는 자신이 가진 근거 없는 신뢰가 산산조각 나는 경험을 하게 된다. 설령 그 믿음이 UI의 임의적이고 허위적인 공고함과 항상성에 기반한다고 할지라도, 이렇게 배신당한 플레이어는 엄청난 충격을 겪는다. 왜냐하면 UI에 대한 믿음은 민주주의에 대한 믿음과 같은 것일 뿐만 아니라, 플레이어 자신이 이전까지 '유일한 실재'로 여기며 견고하다고 굳게 믿어 왔던 경험적 현실에 대한 믿음과도 같은 전제를 공유하고 있기 때문이다. 이른바 UI의 배신 앞에서 플레이어는 이제 자기 자신의 현실마저 의심하게 된다.

    UI가 플레이어를 배신하는 가장 대표적인 게임으로는 단연 「언더테일」(Undertale, 2015)을 꼽을 수 있다. 「언더테일」을 구성하는 매우 단순하고 기초적인 픽셀 그래픽은 언뜻 보았을 때 해당 게임으로부터 그 어떤 복합성도 기대하지 않도록 만든다. 1980년대의 콘솔 게임기 패미컴, 아타리 시리즈, DOS 등에서 구동되던 8비트 고전 게임들을 방불케 하는 극도로 간소한 그래픽은 마치 「언더테일」이라는 게임의 시스템 또한 그 당시 게임들이 구현할 수 있었던 단출하고 직설적인 구성에서 벗어나지 않으리라 예상하게 만든다. 마찬가지로 게임을 시작하자마자 접할 수 있는 UI도 단순하기 그지없다. 우선 플레이어가 처음 만나게 되는 새까만 배경의 시작 화면 메뉴에는 회색 글씨로 간단한 조작 설명이 쓰여 있다. 그 아래에 하얀 글씨로 쓰여 있는 '게임 시작'과 '설정' 두 가지 버튼 외에는 플레이어가 상호작용 할 수 있는 어떤 장치도 화면 안에 존재하지 않는다. 게임이 시작되고 난 뒤에는 C 키를 눌러서 호출할 수 있는 인게임 메뉴 화면이 존재하지만, 이 화면에도 하얀 테두리 안 검은 배경 위에 다시 하얀 글씨로 쓰여 있는 '아이템', '스탯'(stat),[24] '전화'의 세 가지 버튼 외에는 아무런 선택지가 없다.

24. 'statistics'(통계)의 줄임말로, HUD가 나타내는 주인공 캐릭터의 상태 정보가 스탯의 대표적인 예이다. 스탯은 주인공 캐릭터뿐만 아니라 NPC들의 상태나 능력치, 행동 기록 등의 전체적인 정보를 나타내기도 하고, 게임 영역 바깥에서 플레이어가 몇 번 게임을 저장했는지, 게임을 총 몇 시간 플레이했는지 등의 시스템 정보를 알려 주기도 한다.

심지어 「언더테일」에 메인 메뉴는 아예 존재하지 않는다. 일반적으로 게임에서 접할 수 있는 메뉴 화면으로는 크게 세 가지 종류가 있다. 첫 번째로 게임플레이가 시작되기 전에 그 게임플레이 자체를 새롭게 시작하거나 저장 파일을 불러오고 게임의 전체 설정을 관리하거나 게임을 다시 종료할 수도 있는 '시작 화면 메뉴'(title menu), 두 번째로 게임플레이가 시작되고 난 뒤에 흔히 키보드의 ESC 키를 눌러 접근할 수 있는 메뉴로서 게임의 그래픽, 사운드, HUD, 컨트롤, 접근성 등에 대한 설정이나 게임 진행 과정에 대한 저장 및 불러오기 등을 포함하는 '메인 메뉴'(main menu)가 있다. 이 메뉴들은 어디까지나 게임플레이 내부 세계와는 완전히 분리된—특히 메인 메뉴는 게임플레이가 시작되고 난 이후에 송출 가능한 메뉴임에도 그렇다—외부적인 기능에 대한 권한을 제공한다. 마지막으로 게임플레이 진행 중 흔히 키보드의 탭 키를 눌러 호출할 수 있는 '인게임 메뉴'(in-game menu)가 있다. 게임 내부에 존재하는 이 메뉴를 통해서는 게임플레이의 내부 요소들, 즉 캐릭터 스탯, 인벤토리, 스킬, 퀘스트, 지도, 아이템 제작 등을 조망, 관리, 조작할 수 있다. 그러니까 다른 게임에서 보통 ESC 키를 누르면 들어갈 수 있는 메인 메뉴가 「언더테일」에는 없다. ESC 키를 오래 누르면 그저 게임만 종료되고 만다. 🖼 4

「언더테일」은 앞서 말했듯 복잡성과는 거리가 멀어 보이는 그래픽과 UI에도 불구하고 플레이어의 모든 예상을 완전히 벗어나는 치밀하고 다채로우며 때로는 충격적이기까지 한 게임 구성으로 100만 장이 넘는 판매를 기록하며 폭발적인 반응을 얻었다. 그 이유를 살펴보기 전에, 게임은 곧 UI의 연속체나 다름없다고 이야기했던 것을 기억하는가? 여기서 「언더테일」의 게임 구성이 충격적이라고 할 때, 이는 UI의 구성이 충격을 생산한다는 말과 같다. 구체적으로 말하자면, 「언더테일」의 플레이어는 이 게임 특유의 표면적인 단순함으로 인해 UI가 어떤 일관성 혹은 통일성을 가지고 내내 고정되어 있으리라고 믿게 되는데, 이 게임은 바로 그 믿

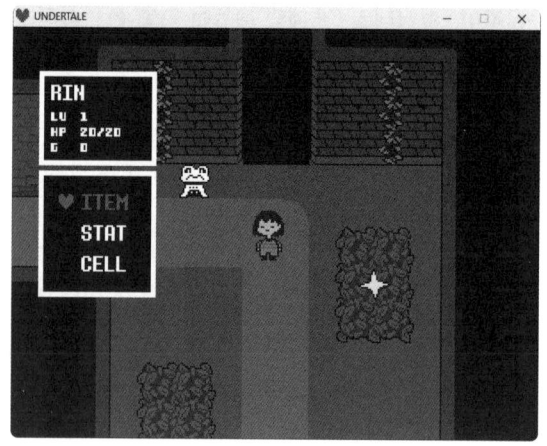

그림 4 「언더테일」의 인게임 메뉴

음을 배반하는 돌발적인 변화를 보여 줌으로써 충격을 생산한다.

이렇게 플레이어를 배신하기 위해 「언더테일」이 택한 가장 일반적인 방법은 바로 UI에 대한, 혹은 UI를 이용한 농담과 장난이다. 이러한 농담과 장난은 「언더테일」의 전투 시퀀스의 UI에서 집중적으로 나타난다. 이것을 논하기 전에 먼저 짚어야 할 점은 이 전투 시퀀스의 UI가 그 자체로 하나의 농담 덩어리라는 것이다.

「언더테일」의 전투 시퀀스는 기본적으로 '턴제 RPG'(turn-based role-playing game)의 형식을 빌려 온다. 턴제 RPG 게임에서는 일반적으로 플레이어 캐릭터와 적이 마주 서서 번갈아 한 차례씩 공격이나 방어 등 일련의 가능한 행동들을 선택해 나가는 방식으로 전투가 진행된다. 「언더테일」에서 플레이어에게 주어진 선택지로는 크게 '싸움'(FIGHT), '행동'(ACT), '아이템'(ITEM), 그리고 '자비'(MERCY)가 있다. 여기서 '싸움'과 '아이템'은 다른 턴제 RPG 게임에서도 흔히 찾아볼 수 있는 기능이지만 '행동'과 '자비'는 「언더테일」만이 제공하는 특이한 선택지다. 「언

「언더테일」에서는 적과의 인카운터(encounter)[25] 상황을 해결할 방법이 단지 '싸움'에서 승리하거나 패배하는 것만 있는 것이 아니다. 적마다 마음의 벽을 누그러뜨려 친구가 될 수 있는 특정한 '행동'이 존재한다. 해당 행동들을 순서에 맞게 충분한 횟수로 수행하면 이제 친구가 된 적을 '자비'로 '살려 주기'(SPARE) 할 수 있다.

이미 친구가 되었는데 어째서 '자비'를 써서 '살려 주기'를 하는 것인가 생각할 수도 있겠다. 그러나 마음의 벽을 전부 허물고 친구가 된 적에게 그 전까지 호의를 가장하여 행동하던 플레이어가 갑자기 돌변해 싸움이라는 선택지를 고른다면, '적-친구'는 그의 마음을 배신한 플레이어에게 가장 약한 공격 한 차례만으로도 단숨에 살해당하게 된다. 그러니 모든 경계심, 의심, 자기방어 욕구가 사라진 적-친구는 플레이어에게 마음의 포로로 사로잡히는 것이다. 플레이어가 적-친구에게 '자비'를 베풀어 '살려 준다'고 말하는 것은 이러한 측면에서 분명 적합하리라. 친구인 줄 알았던 플레이어에게 배반당하고 죽음을 맞는 적-친구는 충격에 빠진 반응을 보이는데, 이는 아마 UI에게 배신당하는 플레이어의 당혹감과 크게 다르지 않을 것이다.

'행동'과 '자비'를 포함하는 전투 시스템 구성은 여타의 턴제 RPG 게임이 기용하는 문법을 크게 벗어난다. 더군다나 「언더테일」과 같이 단순하고 조촐한 그래픽과 UI를 가진 게임에서 이는 예상하기 어려운 획기적인 설계이다. 그러나 이는 플레이어가 적-친구를 배신하는 것이지 UI가 플레이어를 배신하는 것은 아니다.

---

25. 주인공 캐릭터가 NPC나 이벤트 등을 맞닥뜨렸을 때 플레이어가 해당 상황에 대한 주인공 캐릭터의 행동이나 반응을 선택해야 하는 RPG적 시스템이다.
> 흔히 인카운터라고 하면 주인공 캐릭터가 NPC와 전투를 치러야만 하는 전투 인카운터(combat encounter)를 가리킨다. 하지만 그 외에도 주인공 캐릭터와 NPC 간에 그저 대화만 이루어지거나 특정 상황에 대한 주인공 캐릭터의 내적·외적 감상을 고르는 등 전투가 아닌 상호작용에 플레이어가 참가하게 되는 경우에도 인카운터가 성립된다.

해당 시스템은 분명 플레이어의 예상을 벗어나지만 이는 단지 전투 시퀀스가 흘러가는 방향이 충격을 주는 것일 뿐, 이 충격이 UI의 이상행동에 의한 것은 아니다. 오히려 UI는 여기서 예상치 못한 농담으로 편안한 분위기를 만들어 플레이어를 안심 내지는 방심하게 하는 역할을 한다. 이것은 적을 친구로 만드는 '행동' UI의 구성이 낳는 효과다.

예시로 적 캐릭터 중 젤로 모양의 '몰드스몰'(Moldsmal)을 살펴보자. 몰드스몰과의 인카운터에서 '행동' 버튼을 누르면 '따라하기'(IMITATE)와 '유혹하기'(FLIRT)의 선택지가 등장한다. 플레이어가 '따라하기'를 선택할 시 다음과 같은 상황 묘사가 등장한다.

> 당신은 몰드스몰과 함께 가만히 눕는다. 당신은 세상을 조금 더 잘 이해하게 된 것 같다.

'유혹하기'를 선택하면 UI는 다음과 같이 서술한다. 🖻 5

> 당신은 엉덩이를 흔든다. 몰드스몰도 그것에 응해 자신을 흔든다. 이 얼마나 의미심장한 대화인가!

결국 두 선택지 모두 플레이어와 몰드스몰을 친구로 만들지만, 어째서 플레이어 캐릭터가 저러한 행동을 하기로 결정하는지, 또 저러한 행동이 어떻게 둘을 친구로 만들어 주는지에 대한 그 어떤 설명도 「언더테일」은 제공하지 않는다. 몰드스몰과 유사하게 생긴 '몰드빅'(Moldbygg)의 경우를 보자. 우선 UI상에 나타나는 설명에 따르면 몰드빅은

> '몰드평균'(Moldaverage)보다는 한 사이즈 크다.

이렇게 그 존재 자체가 몰드스몰에 대한 하나의 농담인 몰드빅 앞

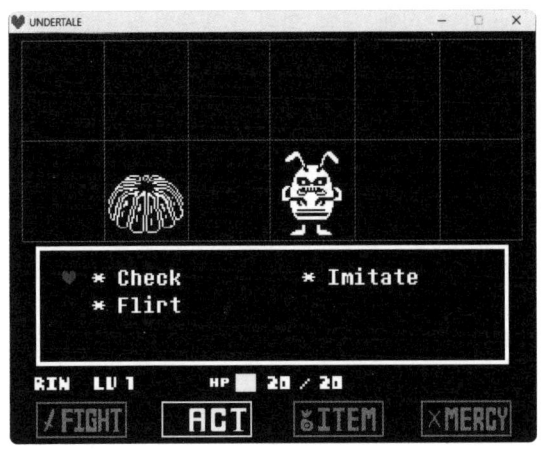

그림5 몰드스몰과의 인카운터

에서 플레이어는 '눕기'(LIE DOWN), '안기'(HUG), '안 안기'(UNHUG) 등을 실행할 수 있다. 세 가지 중 오직 사전에 등재되어 있지 않고 뻔뻔하게 게임이 만든 단어인 '안 안기'만이 몰드빅을 플레이어와 친구로 만들어 줄 수 있다. '안 안기'를 선택할 시 UI는 다음과 같이 해설한다.

> 당신은 몰드빅을 안지 않는다. 몰드빅은 당신이 선을 지켜 준 것에 감사한다.

> 당신의 존재를 편안하게 생각하는 것 같다.

그렇게 몰드빅은 플레이어와 친구가 된다.

전투 UI 공간은 이 모든 뜬금없고 어이없는, 그리고 무엇보다 전투 그 자체와 아무 상관없는 농담들에 할애된다. 「언더테일」이 아닌 다른 턴제 RPG 게임이라면 이 UI 공간에 실제 전투와 관련된 공격, 방어, 피해, 체력, 회피 등의 수치 및 서술만이 건조하게 송출될 것이다. 그리고 플레이어들도 보통 턴제 RPG 게임에서는—게다가 인게임 메뉴와 마찬가지로 하얀 테두리 안 검은 배경 위의 하얀 글씨로만 구성된 극도로 단순한 전투 시퀀스 UI를 가지고 있는 「언더테일」에서라면 더더욱—그 이외의 요소가 있으리라고 전혀 예상하지 않을 것이다. 그러나 「언더테일」은 어떤 해명도 변명도 없이 그 단조로운 UI 공간을 뻔뻔한 농담들로 빽빽하게 채운다.

　　심지어는 그 농담들을 경유하는 전투 과정이 게임 안에서 가장 주요한 시스템 중 하나를 이루기까지 한다. 갑옷을 입은 개 모습을 한 적 캐릭터 '레서 도그'(Lesser Dog)와의 인카운터에서는 행동 선택지가 등장하는 화면이 오직 '쓰다듬기'(PET)로만 가득 채워진다. 레서 도그는 플레이어가 그의 머리를 쓰다듬을 때마다 목이 점점 위로 길어지는데, 어느 순간에는 목이 길어지다 못해 머리가 화면 상단 테두리 밖으로 빠져나간다. 동시에 UI에는 다음과 같은 설명이 송출된다.

> 레서 도그의 흥분은 한계를 모른다.

그 상태에서 플레이어가 레서 도그를 더 쓰다듬으면 목이 뚫고 나간 화면 상단 테두리 옆 자리에서 다시 머리가 등장해 이번에는 아래로 또 계속해서 길어진다. 결국 레서 도그의 머리는 또 다시 화면 하단 테두리를 뚫고 바깥으로 사라진다.

> 레서 도그는 당신의 손이 닿는 한계를 이미 넘어섰다.

> 레서 도그는 그 어떤 개도 여태껏 가 보지 못한 곳으로 가 버렸다.

UI가 이러한 메시지를 띄우고 나면 플레이어는 더 이상 레서 도그의 머리를 쓰다듬을 수 없게 된다. 사실 레서 도그는 플레이어가 그의 머리를 처음 쓰다듬는 순간부터 이미 친구가 되어 있다. 따라서 플레이어는 단 한 번 쓰다듬는 것만으로도 바로 그를 '자비'로 '살려 줄' 수 있다. 하지만 「언더테일」은 적을 플레이어의 친구로 만든 뒤에도 이렇게 끊임없이 쓸모없는 농담으로 UI 내부를 가득 채운다. 심지어 가득 차다 못해 UI의 한계 바깥으로 흘러넘치기까지 한다. 그리고 당연히 레서 도그를 통해 선사되는 장난은 UI에 대한 플레이어의 예상을 완전히 벗어난다. 그 누가 전투 화면 안에 나타난 개의 목이 무한히 늘어나 화면, 즉 UI의 경계 바깥으로까지 빠져나가리라고 예상하겠는가? 이에 그치지 않고 게임은 악랄한 선택지를 플레이어에게 장난치듯 제시한다. 플레이어는 보이지 않는 영역까지 늘어난 목의 길이만큼이나 깊은 친구가 된 레서 도그의 마음마저 배신하고 단칼에 그 목을 베어 죽일 수 있다. 「언더테일」에서는 UI가 플레이어를 배신하고 플레이어가 NPC를 배신할 수 있다. 🖻 6

이뿐만 아니라 「언더테일」은 '싸움'의 과정에서도 독보적인 시스템을 구축했다. 여타 턴제 RPG 게임에서는 적이 플레이어 캐릭터를 공격할 때 그저 그 공격을 가만히 맞거나, 이전 플레이어의 차례에 미리 방어 행동을 수행해서 피해를 경감하는 방법 등의 수동적이고 단조로운 반응만 할 수 있다. 그러나 「언더테일」에서는 적이 공격할 차례에 플레이어가 방향 키로 직접 움직일 수 있는 하트 모양의 픽셀 덩어리가 등장한다. 동시에 적의 공격도 여러 가지 형태의 '총알'로 나타난다. 이때 플레이어의 '하트'에 이 '총알'이 하나라도 닿으면 플레이어 캐릭터의 체력이 줄어든다. 따라서 플레이어는 적의 공격 차례 동안에도 끊임없이 자신의 하트를 조작하여 날아오는 총알 세례를 능동적으로 피해야 한다. 여기서 탄막 게임(bullet hell game)의 형식을 빌려 오는 것이 그 자체로는 농담

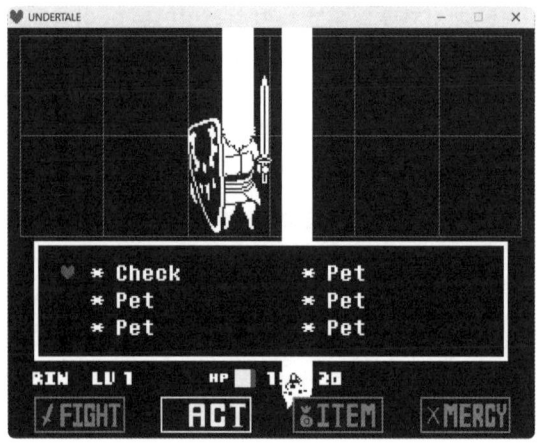

图6 레서 도그와의 인카운터

이 아니다. 그러나 「언더테일」은 자신이 기본적으로 취하고 있는 턴제 RPG라는 형식에서 벗어나는 전혀 다른 장르의 게임 형식들을 스스로에게 이식하고 패러디하는 방식으로 전투 시퀀스 속 UI의 구성을 변형시켜 농담과 장난을 수행한다.

「언더테일」의 NPC '파피루스'(Papyrus)와의 인카운터에서도 여느 때와 다름없이 하얀 테두리 안 검은 배경 위로 흰색 텍스트가 떠오르며 전투 시퀀스가 진행된다. 하지만 파피루스가

> C 키를 눌러 '연애 HUD'를 띄우라.

라고 말할 때 C 키를 누르면 정말로 연애 시뮬레이션 게임의 UI를 패러디한 여러 HUD가 난데없이 모습을 드러낸다. 물론 중앙 상단에 나타나는 초승달과 요일 표시를 제외하면 전부 일반적으로 연애와는 무관한 HUD—낚시 게임의 UI를 패러디한 게이지 바

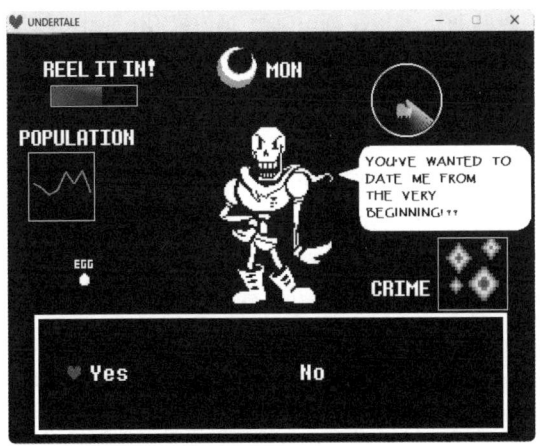

그림 7 파피루스와의 인카운터

(gauge bar),[26] 인구 그래프, 레이더 평면 위치 표시기(개를 감지한다), 범죄율 분포도, 그리고 달걀(한 알)―이다. 이 엉뚱함은 우선 파피루스라는 캐릭터가 연애라는 것을 전혀 이해하지 못하고 있음을 알려 주는 지표이다. 또한 보통 우호도, 인기, 매력 등의 여러 수치가 계산, 반영, 표시되는 연애 시뮬레이션 게임을 패러디한 장난이기도 하다. 그림7

---

26. 본래 온도, 압력, 속도 등 계측할 수 있는 다양한 수치를 나타내기 위한 표시 장치들을 가리킨다. 게임에서 게이지 바는 일반적으로 체력, 마력 등의 최대 수치와 현재 수치의 비율을 나타내기 위해 사용되는 HUD이다. 그리고 예로 든 낚시 게임에서의 게이지 바는 플레이어가 낚싯대를 던지는 과정에서 힘의 강도를 조절할 수 있도록 최소 세기부터 최대 세기, 그리고 그 사이를 왔다 갔다 하는 현재 세기를 표시하며, 플레이어는 그렇게 움직이는 현재 세기를 원하는 순간에 멈춤으로써 낚싯대를 던지는 최종적인 힘의 강도를 결정할 수 있다.

한편 퀴즈 게임을 패러디한 '메타톤'(Mettaton)과의 인카운터에서는 실제로 작동하는 UI들이 나타나기도 한다. 본래 날아오는 총알을 피해야 하는 하트가 여기서는 사지선다의 답안을 선택하는 도구가 된다. 만일 플레이어가 제한 시간 30초를 넘기거나 틀린 답안을 선택하면 메타톤이 하트에 직접 피할 수 없는 전기 충격을 발사해 체력이 줄어들게 된다. 다행히도 메타톤이 내는 퀴즈는 전부 그가 등장하는 중, 후반부까지 게임을 플레이해 온 플레이어라면 쉬이 풀 수 있는 문제이다. 특정 등장인물의 이름이나 '알피스(Alphys)가 누구를 짝사랑하고 있는가?'처럼 실로 답이 뻔하기 짝이 없는 문제들이기 때문이다. 반면 플레이어가 제한 시간 안에 답을 알아내는 것이 사실상 불가능한 얼토당토않은 문제들도 제시되는데, 이때는 전투 화면에 함께 등장하는 NPC '알피스'가 메타톤 옆에서 몰래 손가락 모양으로 답을 알려 주는 것을 보고 답을 맞힐 수 있다. 대표적으로 다음과 같은 경우가 있다.

> 열차 A와 열차 B가 동시에 역 A와 역 B에서 출발한다. 역 A와 역 B는 서로 252.5마일 떨어져 있다. 열차 A는 역 B를 향해 시속 124.7마일로 달리고 있고 열차 B는 역 A를 향해 시속 153.5마일로 달리고 있다. 만일 두 열차가 오전 10시에 출발을 했고 지금은 오전 10시 8분이라면 두 열차가 서로를 지나치는 데까지 얼마가 걸리겠는가?

당연히 질문의 모든 지문이 들어오기에 화면 안의 공간이 충분할 리가 없으므로 메타톤의 대사 텍스트 크기는 평소보다 줄어들다 못해 거의 알아보기 힘든 수준으로 작아진다. 정말로 계산이 빠른 플레이어라면 해당 문제 또한 30초 안에 풀 수 있지 않겠느냐는 반론을 제기하는 명석한 이도 분명 존재하리라. 하지만 '메타톤'이라는 이름의 글자 수를 맞혀 보라는 질문에서 글자 'n'이 실시간으로 UI 위를 덮어 가면서까지 무한하게 덧붙여지고, 늘어나는 'n'에 따라 네 선택지의 숫자도 끊임없이 올라가는 상황이라면 문제를 제대로 풀 수 있는 이는 없을 것이다. 그리고 가장 얼토당토않은 순간은 메타톤과의 두 번째 인카운터에서 그가 갑자기 깜짝 퀴즈로 서술형(essay) 문제를 내는 장면이다.

> 당신이 메타톤에 대해 가장 사랑하는 점은 무엇인가?
> (X 키나 Z 키 사용 금지)

질문에 덧붙여진 괄호 안 문구는 이미 게임 내에서 사용되는 키인 X와 Z를 게임의 시스템이 문자로 인식할 수 없다는 점을 숨길 생각조차 않을 만큼 「언더테일」이 아주 뻔뻔함을 노골적으로 알려 준다. 심지어 「언더테일」은 이때 플레이어가 입력한 단어들을 인식하고 답안에 반응하기까지 한다. 예를 들어 '매력적인'(charming), '귀여운'(cute), '멋있는'(gorgeous) 등의 칭찬을 표현하는 형용사가 답변에 들어가면 메타톤은 무척 기뻐한다. 반면에 '추한'(ugly), '멍청이'(jerk), '얼간이'(loser) 등의 모욕적인 표현을 쓰면 그는

> 나에 대해 질문한 것이지 당신에 대해 물어본 게 아니다.

라고 받아친다. 🖼 8

이렇게 자유롭고 예측할 수 없게 변용되는 UI를 이용해 「언더테일」은 플레이어에게 다양한 형태의 장난을 선보인다. 당연히 이때 UI들은 기초적인 픽셀 그래픽을 가진 게임이라면 계속해서 따르리라고 예상되는 단순하고 고정적인 형태를 완전히 벗어던진 상태이다. 「언더테일」의 농담과 장난이 플레이어에게 웃음을 선사하는 데 성공할 수 있는 이유 또한 UI가 보여 주는 바로 그 '예측 불

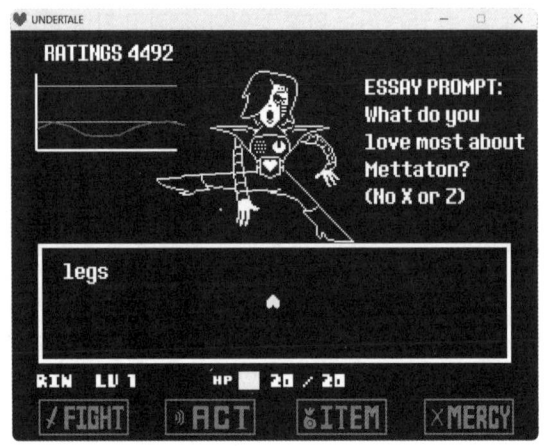

图8 메타톤과의 인카운터

가능성'에 있다. 같은 농담에 두 번 웃는 사람은 없다.[27] 농담은 청자의 기대와 예상에서 벗어나 완전히 방심하고 있던 부분을 찌를 때 효과적이다.

「언더테일」의 기상천외하고 기습적인 농담들은 전투 시퀀스에서뿐만 아니라 플레이어가 맵을 돌아다니는 와중에도 상시로 출몰한다. NPC '샌즈'(Sans)는 파피루스의 형으로, (자신이 해골이라서 그런지) 해골과 뼈에 관한 말장난을 일삼는다. 그의 농담들은 어처구니없고 유치하기 일쑤이다. 샌즈가 그런 허접한 농을 하는 동안 난데없이 '두둥, 탁' 하는 드럼 소리가 나온다. 그리고 갑작스럽게 화면 정면을 향해―그러니까 화면을 바라보고 있는 플레이어와 마주 보며―눈을 찡긋하는 샌즈가 클로즈업된다. 다시 또 UI에 대한 플레이어의 기대를 배반하는 「언더테일」의 농

---

27. Silvan Tomkins, "What Are Affects?," **SHAME AND ITS SISTERS: A SILVAN TOMKINS READER**, ed. Eve Kosofsky Sedgwick and Adam Frank (Durham, NC: Duke University Press, 1995), 65.

담이 전개된 것이다. 이 게임이 기본적으로 취하는 톱다운 RPG 화면—위에서 아래로 플레이어 캐릭터를 비롯한 게임 요소들이 배치되어 있는 맵을 조감하는 고전적 RPG 화면 구성—은 그 조감 구도의 단순함과 직관성으로 인해 언제나 변함없이 단단하게 고정되어 있을 것만 같은 느낌을 플레이어에게 준다. 그러나 「언더테일」은 이 단순한 화면 구도와 관점이라는 UI에마저도 예상치 못한 변주를 주어 플레이어를 골려 먹는다.

바로 직전에 언급한 NPC 메타톤의 뮤지컬 시퀀스도 전투 화면이 아닌 일반 맵 화면에서 진행된다. 일반적인 대사 표시 창—하얀색 테두리에 검은 배경을 한—도 없이, 메타톤의 노래와 함께 가사 텍스트가 대문짝만하게 허공에 나타났다 사라진다. 그리고 갑자기 하늘에 벚꽃이 흩날리기 시작하면 절정으로 치달은 노래처럼 UI의 당황스러움도 정점을 찍는다. 심지어 메타톤이 노래하는 동안 게임 프로그램명—게임 밖 컴퓨터의 작업 표시줄에도 표시된다—이 '언더테일'에서 '언더테일 더 뮤지컬'(UNDERTALE the Musical)로 바뀐다. 이제 「언더테일」의 농담은 게임 화면의 경계 바깥으로까지 뻗어 나가는 것이다. 이처럼 「언더테일」은 자신이 활용할 수 있는 UI의 모든 측면을 동원해 농담을 구사하는 데 전심전력을 다한다.

「언더테일」이 농담 소재로 사용하는 또 다른 시각적 요소로는 게임에서 표현되는 단순한 픽셀 그래픽이 있다. 예를 들어, 플레이어 캐릭터를 쫓아오는 파피루스로부터 몸을 피해 숨어야 하는 이벤트[28]를 살펴보자. 플레이어 캐릭터는 도망치던 도중 맵 한복판에서 '편리하게 생긴 전등'을 발견한다. 이 전등은 우연하게도 플레이어 캐릭터의 옆모습 픽셀 그래픽 윤곽과 형태가 완전히

---

28. 시간, 장소, 플레이어의 특정한 행동, 심지어는 그저 시스템상에서 임의로 계산되는 확률 등 정해진 조건이 만족될 시 게임 안에서 발생하는 사건을 가리킨다.

일치한다. 플레이어 캐릭터가 전등 뒤에 서서 옆을 본다면 플레이어는 '편리하게' 모습을 숨길 수 있다. 편리하게 생긴 전등을 포함해 끊임없이 장난치고 변형되는 이 UI들은 반복되지 않는다. 게임 진행 중 단 한 번의 이벤트나 인카운터에만 출현하고 두 번 다시 나타나지 않는다. 이는 「언더테일」이 한 번의 농담을 위해 얼마나 심혈을 기울이는지 여실히 보여 주는 대목이다. 또 그만큼 반복되지 않는 연출의 예측 불가능성이 웃음 효과의 중요한 조건 중 하나임을 강조한다.

「언더테일」은 UI를 단순하고 간단한 형태에서 흔히 기대하기 힘든 방식으로 변형시킴으로써 예측 불가능성을 발생시키고 이를 통해 플레이어에게서 웃음을 유도한다. 웃음을 겨냥하는 연출은—UI를 예상치 못한 방식으로 변형하거나 지금까지 단 한 번도 사용되지 않던 UI를 예고 없이 갑작스럽게 등장시킴으로써—플레이어가 UI에 대해 가지고 있던 짐작과 신뢰를 희롱한다. 그러나 UI를 파괴하여 충격이나 공포의 감각을 플레이어에게서 창출하는 것은 아니다. 이것을 설명하는 이유는 웃음과 공포가 가지고 있는 가장 큰 공통점이 바로 예측 불가능성이기 때문이다. 위협 또한 반복하면 할수록 공포의 정도가 줄어들기 때문에 예상치 못한 방식으로 기습적으로 행해질 때 가장 효과적이리라.[29] 그리하여 「언더테일」은 웃음을 불러일으키던 돌발적인 UI 연출보다 더욱 과격하고 급

여기서 말하는 사건이란 매우 다양한 형태로 펼쳐질 수 있는데, 앞서 언급한 인카운터 또한 엄밀히 말하자면 이벤트의 한 종류이다. 예를 들어, 플레이어가 현재 묵고 있는 여관의 옆 건물이 무너지는 이벤트가 발생할 수 있고, 이 상태에서는 플레이어가 반드시 즉각적으로 해당 이벤트에 대해서 상호작용 할 수 있는 것은 아니기에 인카운터로 넘어가지는 않는다. 그러나 플레이어가 여관 밖으로 나가 무너진 옆 건물과 상호작용 한다면 이때부터는 이벤트로서 인카운터가 발생한다.

29. Silvan Tomkins, "What Are Affects?," 65.

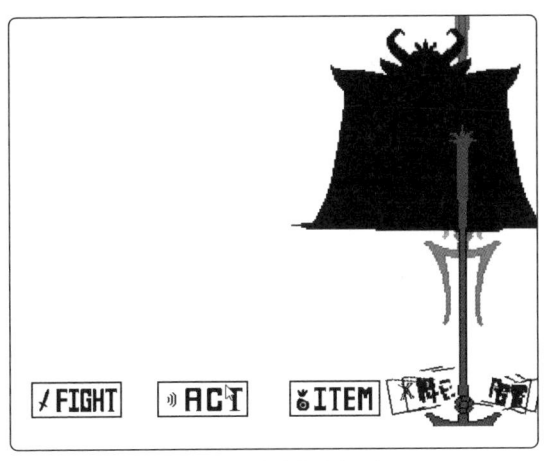

그림 9 아스고어와의 인카운터

진적인 방식으로 플레이어에게 충격을 주기도 한다.

　　게임 후반부에 NPC '아스고어'(Asgore)와의 전투가 시작되면 여느 때와 마찬가지로 전투 시퀀스 전용 UI인 '싸움', '행동', '아이템', '자비'의 선택지가 화면에 등장한다. 그런데 갑자기 아스고어가 품속에서 거대한 창을 꺼내 들더니 그것을 '자비' 메뉴 버튼을 향해 집어 던져 해당 버튼을 문자 그대로 파괴한다. 이것이 「언더테일」이 보여 주는 충격 연출의 본격적인 시작이다. 즉, 플레이어의 선택에 따라 적이 될 수도, 친구가 될 수도 있었던 다른 NPC들과 달리 아스고어와의 인카운터에선 오직 싸움만이 선택지로 한정된 것이다. 이처럼 「언더테일」은 지금까지 일관적으로 제공하던 UI를 스스로 파괴한다. 동시에 '이 게임에서는 싸움만 해야 하는 것이 아니며 친구 맺기를 선택할 수도 있다'는, 내내 제시되어 온 (근거 없는) 합의를 단숨에 뒤집는다. 그림 9

　　게임의 UI가 가장 극적으로 박살 나 무너지는 것은 아스고어와의 싸움 직후 발생하는 '플라위'(Flowey)와의 인카운터에서이다. 플라위는 게임을 종료하고, 저장된 파일을 지우며 컴퓨터의 윈도 테두리에 표시되는 게임의 제목을 변경하는 등 게임의 UI, 시스템, 데이터 전부를 직접 조작한다. 다시 말해 플라위는 게임 내의 NPC가 가지고 있던 권한을 뛰어넘어 플레이어가 가지는 권한, 그리고 그 이상으로 게임 전체를 관할할 수 있는 권한을 획득한다. 플라위와의 인카운터에 진입할 때 플라위가 처음으로 하는 행동은 다름 아닌 게임 자체를 종료하는 것이다. 플레이어가 게임을 다시 켜면 게임이 시작될 때 나타나는 인트로 영상이 잔뜩 망가지고 깨진 채 재생된다. 이 고장 난 영상이 중간에 갑작스럽게 멈추며 원래의 시작 화면 메뉴로 전환되는데, 몇 가지가 달라져 있다. 원래대로라면 게임을 처음 시작했을 때 플레이어가 입력했던 이름, 플레이어 캐릭터의 레벨 및 총 플레이 시간, 가장 최근에 저장한 장소 등이 저장 파일의 정보로 기재되어 있어야 한다. 그러나 플라위가 강제로 게임을 종료하고 난 뒤의 시작 화면 메뉴에 뜨는 이름은 '플라위'이다. 마찬가지로 레벨은 '9999', 플레이 시간은 '9999시간 99분', 장소는 '나의 세계'(My World)로 전부 대체되어 있다. 그리고 이렇게 변형된 저장 파일을 불러오면 아무것도 없는 어두운 공간 한가운데에 덩그러니 놓여 있는 플레이어 캐릭터를 발견할 수 있다. 플레이어 캐릭터를 움직여 텅 빈 공간을 이리저리 헤매다 보면 익숙한 저장 지점을 찾을 수 있다. 이것과 상호작용 하면 처음에는 언제나처럼 진행 상황을 저장할 수 있는 UI가 화면에 떠오른다. 이 UI에 표시되는 정보는 시작 화면 메뉴에 출력되는 정보와 마찬가지로 플레이어가 저장했던 파일의 기록이다. 그리고 플라위와의 인카운터 이후 시작 화면 메뉴에 저장 파일의 내역이 전부 왜곡되었던 것과는 달리 이 저장 UI에서는 원래 플레이어가 저장한 기록 정보가 올바르게 나타난다. 그러나 저장 UI 창은 곧 빠깍빠깍 빨간 금이 가며 결국 산산조각 나 버리고 만다. 부서지는 UI 위에는

파일이 삭제되었다.

라는 문장이 송출된다. 화면 프레임 끝까지 전부 깨져 버리고 나면 마침내 플라위가 모습을 드러낸다. 즉, 플라위는 게임 안의 저장 파일을 자신이 원하는 대로 덮어쓰고 플레이어가 기존에 저장한 파일을 플레이어가 보는 앞에서 박살 내 버린 것이다. 그리고 이때까지 모든 요소가 단순한 픽셀 그래픽으로 표현되던 「언더테일」에서 플라위는 갑자기 여러 '실제' 사진들을 포토샵으로 조악하게 합성해 만든 듯한 괴수로 변신해 나타난다. 이렇게 그래픽 UI의 차원에서부터 다르게 표현되는 플라위의 모습은 마치 게임 속의 그 어떤 존재보다 초월적인 힘을 구사하는 그의 생생한 존재감을 반영하는 듯하다. 🖻 **10-11**

플라위는 자신이 게임을 저장할 수 있는 능력을 빼앗았고, 진행 상황을 불러오는 것도 저장 파일을 삭제하는 것도 자기 마음대로 할 수 있다며 플레이어를 농락한다. 플라위는 플레이어가 그 전 저장 파일을 불러와 상황을 되돌리려 해도 이미 그 저장 파일은 영영 사라져 버렸기 때문에 돌이킬 수 없다고 이야기한다. 대신 플라위는 플레이어를 살해한 후 게임을 저장하고 그 파일을 다시 불러와

> 내가 너를 피떡으로 갈기갈기 찢는 것을 계속, 또 계속, 또 계속, 느끼게 해 주겠다.

라고 말한다. 원래대로라면 적과의 전투 도중 플레이어 캐릭터가 죽음을 맞더라도 가장 최근 저장 파일을 바로 불러오는 것이 가능하다. 그러나 플라위와의 전투 도중 죽음을 맞으면 화면이 플라위의 웃음소리로 덮이며 게임이 아예 종료되고 만다. 이러한 난관에도 불구하고 전투 시퀀스인만큼 플라위에게는—플레이어의 것과 비교하면 압도적으로 긴—체력 바가 존재하고 플레이어는 결국 플라위를 쓰러뜨릴 수 있다. 그러나 플라위의 체력 바가 전부 다 떨어질 때쯤 플라위는 전투 시작 전에 자신이 저장해 놓았던 파일을 불러온다. 플라위와의 전투가 본격적으로 시작되는 순간, 플레

❺ 10-11 플라위와의 인카운터

이어가 아무런 조작을 하지 않아도 화면 좌측 하단에

파일 3 저장됨.

이라는 문구가 난데없이 표시된다. 그 순간 게임을 저장하는 주체는 바로 플라위인 것이다. 플라위가 플레이어에게 패배한 후 전투 시작 순간의 저장 파일을 불러올 때도 마찬가지로 좌측 하단에

> 파일 3 불러옴.

이라는 문구가 떠오른다. 파일을 불러오자마자 플라위는 플레이어 캐릭터를 살해하고 또 바로 플레이어가 살해당하기 직전 저장 파일을 불러와 되살려 낸 다음 다시 플레이어 캐릭터를 죽이는 과정을 발작적으로 반복한다.

　　　　플라위가 이러한 전지적 힘을 행사할 수 있는 이유를 설명하자면, 그가 가지고 있는 권한이 플레이어가 선점하고 있던 권한과 많은 부분에서 유사하다는 점을 주목해야 한다. 즉, 게임 내 진행 상황을 저장하고 그 시간이 기록된 파일을 다시 불러올 수 있는 능력 말이다. 일반적으로 거의 모든 게임은 플레이어에게 이 능력을 부여한다. 그러나 이 힘은 게임 세계 안에서는 결코 인지되지 않고, 오로지 세계 외부에서 플레이어에게만 독점적으로 부여되어 그에게 게임 내 세계에 대한 초월적인 권능을 보장한다. NPC는 플레이어가 과거 시점에 저장한 파일을 불러오면 그 시점부터 플레이어가 불러오기 버튼을 클릭한 때까지 있었던 일을 모두 망각한다. NPC는 자신이 몸담고 있는 시간 및 인과가 삭제되더라도 완전히 무력하다. 그러나 「언더테일」은 게임으로서 자신이 플레이어에게 부여한 능력, UI와 상호작용 할 수 있는 권한을 게임 세계 안에 '의지'(DETERMINATION)라는 이름으로 들여온다. 이로써 NPC에게도 플레이어와 같은 힘에 대한 접근 가능성을 부여한다. 플라위가 초법적 권위를 구사할 수 있는 것도 플레이어가 가지고 있는 이 의지를 획득한 덕분이다.

「언더테일」이 플레이어의 의지를 구체화하는 작업은 플레이어가 게임을 처음 시작하는 바로 그 순간부터 시작된다. 「언더테일」에

서는 게임을 시작할 때, 플레이어에게 이름을 하나 입력하도록 만든다. 처음 게임을 구동할 시 표시되는 시작 화면 메뉴에서 '게임 시작' 버튼을 누르면 바로 이름을 입력하는 창으로 화면이 전환된다. 그런데 이 화면에는 '당신'이나 '주인공'이 아니라 '떨어진 인간'(fallen human)의 이름을 넣으라고 쓰여 있다. 「언더테일」의 인트로 영상에서 한 인물이 산 아래로 떨어지는 장면을 보여 주고, 게임이 시작되면 플레이어는 그 인물이 떨어진 장소와 같은 장소에 서 있는, 그리고 영상 속의 인물과 거의 똑같이 생긴—조악한 픽셀 그래픽 속에서도 특유의 단발머리와 줄무늬 옷을 확연하게 알아볼 수 있다—외관의 캐릭터를 조종하게 된다. 그러므로 플레이어는 이 '떨어진 인간'이 곧 주인공 캐릭터와 동일 인물이며 자신이 주인공의 이름을 지어 준다고 생각하게 된다. 게다가 게임플레이 내내 인게임 메뉴나 전투 시퀀스 HUD 왼쪽 하단에 플레이어가 입력한 이름이 상시 떠 있고, 게임 오버 화면에서도 누군가의 목소리가 그 이름을 부르며

> 아직 포기하지 마라.

> 의지를 잃지 마라.

라고 호소한다. 따라서 플레이어는 다른 대부분의 RPG 게임과 마찬가지로 이 게임에서도 당연히 처음에 입력한 이름이 곧 주인공의 이름이라고 인지하게 된다. 하지만 이 인지는 완전히 틀린 것으로 드러난다. 게임의 막바지에 최종 보스 '아스리엘'(Asriel)은 주인공의 진짜 이름을 부른다.

> 프리스크(Frisk).

플레이어가 입력한 이름은 주인공의 이름이 아니었다. 그렇다면

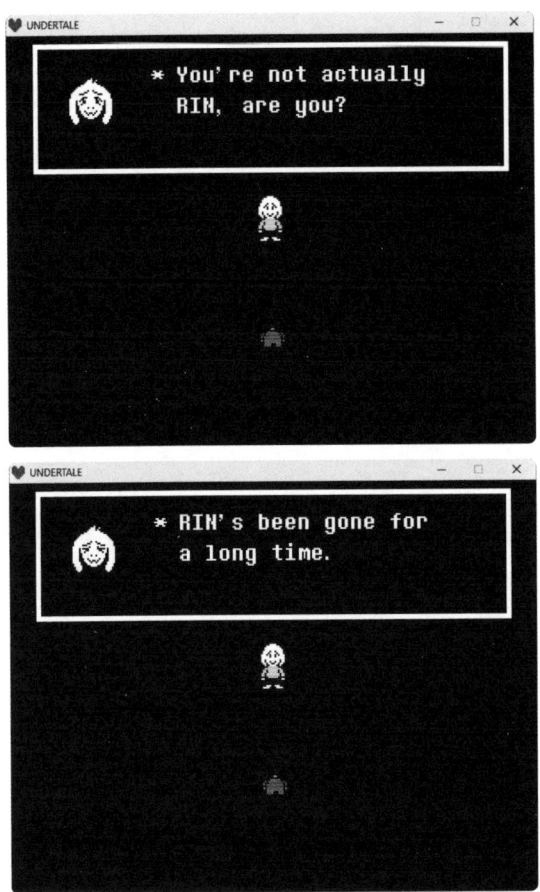

그림 12-13 '떨어진 인간'과 프리스크

플레이어가 지은 이름은 누구의 이름인가? **그림 12-15**

  주인공이 산 아래로 추락하기 전, 즉 게임플레이 시작 전에 이미 그곳에 또 하나의 인간이 떨어진 적 있었고 그는 이미 한참 전에 죽었다는 사실이 게임 중후반 부분에서 밝혀진다. 그의 죽음이 바로 게임 내 모든 사건의 발단이다. 그런데 왜 플레이어는

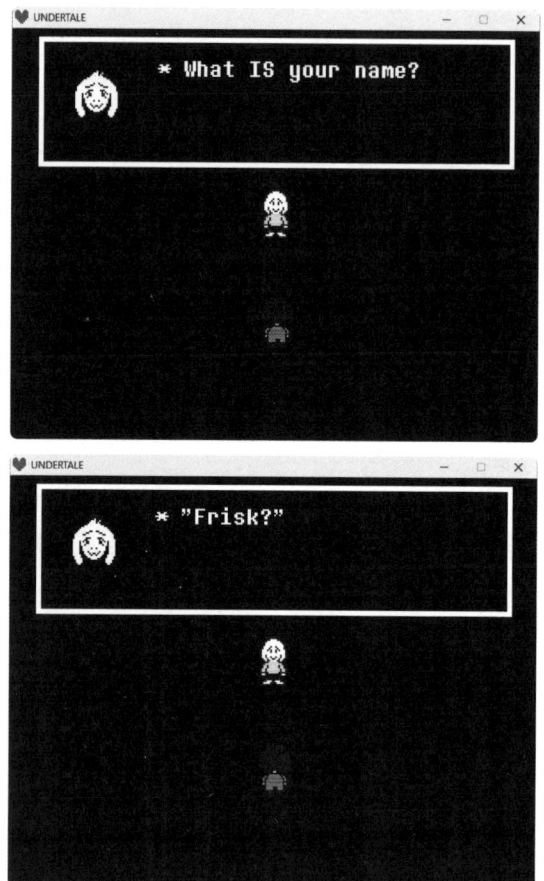

圖 14-15 '떨어진 인간'과 프리스크

게임플레이에 직접적으로 등장하지도 않는, 이미 죽은 지 오래인 인물의 이름을 지었어야 했는가? 또 왜 이 인물의 이름은 게임플레이 내내 HUD에 표시되는가? 답은 바로 그 '떨어진 인간'이 플레이어가 조종하는 인물이기 때문이다. 정확히 말하자면 '떨어진 인간'이 주인공 프리스크를 움직이는 '의지'고, 플레이어는, 주인공을 움직이던 '떨어진 인간', 즉 의지를 조종하던 것이다.

앞서 잠깐 설명한 바와 같이 「언더테일」에서는 전투 시퀀스로 전환될 시, 플레이어가 움직이던 주인공의 그래픽이 사라지고 대신 그 자리에 하트 모양의 픽셀 덩어리가 나타난다. 플레이어는 이 하트를 직접 움직여 적의 공격을 피해야 한다. 이러한 구도는 하트가 단지 주인공의 생명을 나타내는 하나의 상징으로만 보이게 한다. 플레이어는 지금까지 주인공 캐릭터를 움직였던 것처럼, 형태만 바뀌었을 뿐—'조종'의 연장선상에서—여전히 하트로 도식화된 주인공을 움직인다고 생각하는 것이다. 그러나 이 하트는 주인공과 별개의 인물이다. 이 하트가 바로 「언더테일」이라는 게임 속에서 플레이어가 '되는' 누군가이다. 전투 시퀀스 바깥의 게임플레이에서 플레이어가 주인공의 몸을 움직여 세계를 돌아다니는 것은 주인공 몸 안의 저 하트를 움직여 주인공 몸을 간접적으로 조종하는 것과 다름없다. 나아가 게임에서 알피스와 샌즈 등 NPC들은 이 하트를 '의지'라고 부르는데, 이것은 결코 우연이 아니리라. 🖻 16

이렇게 「언더테일」은 플레이어가 실질적으로 조종하는 존재와 그 존재가 움직이는 주인공의 존재를 이중적으로 배치한다. 이 배치는 게임이라는 매체에서 나타나는, 플레이어에게 조종되는 '의지 없는' 주인공과 그 주인공 대신 '의지를 가진' 플레이어의 관계를 명확하게 드러낸다. 즉, 게임 속 세계에서 플레이어는 주인공 자신이 되는 것이 아니라 주인공을 추동(推動)하는—니체에 따르면 디오니소스적—의지가 된다고 「언더테일」은 말하는 것이다. 이러한 관점은 「언더테일」뿐만 아니라 게임이라는 매체 자체에 적용될 수 있다. 반복하자면, 플레이어는 주인공이 아닌 주인공의 의지가 된다.

게임에서 플레이어의 조작과 무관하게 주인공이 움직이는 '컷신'(cutscene)과 같은 순간들은 이 점을 부각시킨다. 가령 영화 「엑시스텐즈」에는 플레이어가 자신의 의지와 무관한 말과 행

그림16 하트 혹은 '의지'

동을 하는 장면들이 있다. 여기서 플레이어는 자신이 혐오스럽다고 생각하는 음식을 뼈 한 점까지 깨끗하게 발라 먹고, 자신이 그 어떤 감정도 가지지 않는 웨이터를 아무렇지 않게 총으로 쏴 죽인다. 또 자신이 생각지도 않았고 뱉고 나서도 그 의미를 파악할 수 없는 말을 너무나도 자연스럽게 자신의 생각인 것처럼 발화한다. 이 모두가 플레이어의 본래 의사와는 전혀 무관하게 이루어진다. 1장에서 말했듯이 영화 「엑시스텐즈」는 플레이어 자신이 생각지 않은 이러한 행동들을 유발하는 게임의 명령을 '게임 충동'이라고 명명한다. 그림17

이 '게임 충동'은 두 가지로 구분할 수 있다. 우선 영화 「엑시스텐즈」에서 플레이어가 웨이터를 총으로 쏘게 되는 과정에는 그 웨이터를 죽이고 싶다는 충동을 느끼는 단계가 선행한다. 플레이어는 원인을 알 수 없지만 갑작스럽게 살인 충동을 느낀다. 이 충동은 게임이 플레이어의 내부에 발생시킨 욕구이다. 이 충동 발생 원리는 플레이어에게 특정 행동들을 수행하도록 지시하고 유도하며 명령하는 UI의 작용 방식과 유사하다. 플레이어는 스스로

림 17 영화 「엑시스텐즈」

납득하기 힘든 행위를 수행하지만, 그것을 수행하고자 하는 욕구는 어디까지나 자기 자신의 내부에서 발생한 것이라는 점에서 말이다. 설령 살인 충동이 게임이라는 외부 장치에서 주입되고 자극된 것이라 할지라도 그 자극에 반응해 행위로 이어지는 욕구 자체가 발생하는 곳은 플레이어의 외부가 아니라 내부이다. 이처럼 게임 충동의 한 가지 측면은 <u>원하지 않는 것을 원하게 된다</u>는 점이고, 네의 명령이 이를 예시한다.

반면 역겨운 음식을 먹거나 의미 불명의 대사를 내뱉는 것은 모두 플레이어 <u>자신도 모르게</u> 벌어지는 일이다. 해당 행위들이 일어나는 과정에서 플레이어 자신이 충동을 느끼는 과정은 선행되지 않는다. 이것은 마치 게임이 플레이어의 내부를 경유하지 않고 플레이어의 외부, 즉 플레이어가 현재 조작하고 있는 캐릭터만을 강제로 움직이는 것처럼 보인다. 이런 강제가 벌어지는 순간에는 플레이어에게서 캐릭터에 대한 통제권이 박탈되고, 그 통제권은 게임에게로 완전하게 이양된다. 캐릭터는 플레이어의 의지로 조종되던 순간과는 달리 플레이어의 통제에서 벗어나 게임이 정해 놓은 명령 체계에 따라 스스로 움직인다. 캐릭터가 NPC나, 대본에 쓰여 있는 대사를 말하는 희곡 속 인물처럼 변해 버리는 것이다. 컷신에서 일어나는 일이 바로 이것이다.

우리가 「언더테일」에서 포착한 바를 상기해 보자. 게임 속 플레이어는 주인공 캐릭터 안에서 캐릭터의 행위를 결정하는 디오니소스적 의지와 다름없는 존재이다. 그런데 주인공 캐릭터는 때로 이 의지를 벗어나는 '게임 충동'에 휩싸여 행위하기도 한다. UI의 명령이 디오니소스적 의지가 된 플레이어에게 직접 개입하는 게임 충동이라면, 컷신은 플레이어와 주인공 캐릭터 사이의 연결을 잠시 끊은 다음, 자기 자신이 주인공 캐릭터의 디오니소스 의지 자리를 대신하는 게임 충동이다. 그리고 게임 충동이 나타나는 이 두 가지 방식 간의 차이가 알려 주는 것은, 플레이어가 디오니소스적 의지로서 주인공 캐릭터를 움직일 수 있는 순간과, 주인공 캐릭터 자신이 개별적 인물로서 게임 시스템 안에 속한 기계장치처럼 자동적으로 움직이는 순간이 서로 구분된다는 사실이다. 가령 컷신에서는 주인공 캐릭터에 대한 플레이어의 조종 권한이 박탈된다. 그러므로 주인공 캐릭터 자체와 그 캐릭터의 의지는 어김없이 구분되어야 한다.

그런데 「언더테일」은 일반적인 게임에서 나타나는 플레이어와 주인공 사이의 관계에 대한 유비(類比)를 또 한 번 비튼다. 다시 말해 '의지'는 한 명의 개별적 존재로 등장해 주인공 캐릭터와 자기 자신을 구분 짓듯이, 결정적인 순간에 플레이어와 자기 자신마저도 구분 짓는다. 작중 등장하는 모든 인물을 살려야만 볼 수 있는 '불살 엔딩'(pacifist ending)과 반대로 모든 인물을 죽여야만 볼 수 있는 '몰살 엔딩'(genocide ending) 중 후자를 선택할 시, 플레이어는 마지막 순간에 자신이 이름을 입력했던 '떨어진 인간', 즉 '의지'와 개별적인 존재로서 서로를 직접 마주할 수 있다. 주인공 캐릭터와 외관이 유사하지만 조금 다른 표정과 색감의 그래픽으로 표현되는 '떨어진 인간'은 플레이어가 입력했던 바로 그 이름으로 자신을 소개하고 플레이어를 '당신'이라고 지칭하며 말을 잇는다.

> 내 '의지'…. 그것은 내 것이 아니야. '당신의 것'이야. (…) 내가 어떻게 다시 살아났냐고? … '당신'의 인도 덕분이야.

즉, 플레이어는 그 자신이 '의지'로서 주인공 캐릭터를 조종하며 이 캐릭터와 별개로 고유한 하나의 존재로서 게임 속 세계에 진입하고 활동했다. 그러나 마지막에 이 '의지'는 독자적 인물로 되살아나 지금까지 자신을 또 하나의 의지, 스스로의 의지로 조종했던 플레이어에게 직접 말을 거는 것이다. 그 전까지 「언더테일」의 UI는 플레이어를 '당신'이라는 굉장히 모호한 인칭으로 호명했다.

> 당신은 의지로 가득 찼다.

> 그 모든 일이 있었음에도, 여전히 당신이다.

이 '당신'은 주인공을 가리키는 것인가? 아니면 플레이어가 게임 속으로 진입해 주인공 안에서 구현했으나 이제는 플레이어와 분리되어 고유한 인물의 형태를 취하고 있는 '의지'를 칭하는 것인가? 혹은 정말 화면 바깥의 의자에 앉아 모니터를 바라보고 있는 존재를 칭하는 것인가? 그리고 이렇게 지금까지 '의지'였던 존재가 갑자기 플레이어에게 말을 걸게 된다면 게임 안에서의 '의지'와 플레이어는 과연 같은 존재인가, 다른 존재인가?

    다행인지 불행인지 '떨어진 인간'이 플레이어를 '당신'으로 부를 때는 그 어떤 혼란도 존재하지 않는다. 이 순간 '떨어진 인간', 즉 '의지'는 의지 그 자체로서 자신의 의지와 플레이어, 즉 '당신'의 의지를 각자 분리해서 일컬으며, 마찬가지로 플레이어는 주인공을 지금까지 움직여 왔던 하트 혹은 '의지'로서 게임 속 개별적 인물이 아니라—그러니까 지금 자신에게 말을 거는 인물이 아니라—화면 바깥에 고립된 인물이 된다. 문제는 이 고립으로 인해 플레이어는 이제부터 게임 안의 세계에 대한 모든 권한을 잃게 된다는 것이다.

이 '의지'는 "우리"(we)가 지금까지 모든 인물을 살해한 것이라고 말하고, 누군가를 죽일 때마다 레벨, 체력, 돈, 경험치 등의 수치가 올라가는 것을 바라보며 느낀 그 기분이 바로 자기 자신이라고 설명한다. 그리고 '의지' 자신의 최종적인 목적은 "힘"(power) 그 자체였다고 결론을 짓는다. 이러한 서술은 이 게임에서 '의지'라는 존재가 자연과 실재의 디오니소스적 의지, "힘에의 의지"와 같은 것이라고 직접적으로 말하고 있는 것처럼 보인다.[30] 그리고 이 시점에서 플레이어에게는 자신이 게임의 안과 바깥 중 어디에 존재하는지에 대한 구분조차 더 이상 없는 듯하다. 결정적으로 '의지'는 플레이어—이제 완전히 게임플레이의 세계로부터 괴리되어 버린 동시에 그 자신의 현실과 게임 사이의 경계 또한 허물어져 가고 있는—에게 마지막 선택지를 제공한다. 이 게임 속 세계를 완전히 삭제하고 다음 단계로 넘어가자는 '의지'의 제안에 플레이어는 '지운다'와 '지우지 않는다'라는 두 선택지 중 하나를 '고를 수' 있다. '지운다'를 선택했을 시 '의지'는

> 훌륭한 동반자

인 플레이어와 자신은

> 영원히 함께할 것

---

30. 프리드리히 니체, 『유고(1888년 초-1889년 1월 초)』, 백승영 옮김(서울: 책세상, 2004), 119.

이라고 대답한다. 그리고 즉시 전투 시퀀스에서 주인공이 적을 공격했을 시 송출되는 데미지 수치(9999999999…)의 UI로 게임 화면 전체를 채우고 게임을 강제로 종료한다. 이후 게임을 다시 실행해도 검은 화면에는 오직 거친 바람 소리만 들릴 뿐 그 어떤 것도—게임을 시작할 수 있는 메뉴 자체도—표시되지 않는다. '의지'는 정말로 게임 속 세계 자체를 삭제한 것이다. 마치 플레이어가 적을 공격해 살해하듯이 말이다. 만일 플레이어가 '지우지 않는다'를 선택한다면 '의지'는

> 당신이 오해한 것이 있는 것 같다.

라며 입을 뗀다.

> 언제부터 당신이 통제권을 가지고 있었어?
> (SINCE WHEN WERE YOU THE ONE IN CONTROL?)

그리고 '의지'는 플레이어의 선택을 무시하고 세계를 지운다. 이제 어느 쪽을 고르든 플레이어의 선택은 게임 내 세계에 아무런 영향을 미치지 않는다. '의지'는 지금까지 플레이어가 선택지를 경유해 행사해 왔던 영향력조차 부정해 버리는 것이다. 이러한 부정은 갑작스럽기보다는 점진적인 방식으로 나타난다. 몰살 엔딩의 후반부, '의지'로 나타나는 '떨어진 인간'과 만나는 결말 직전의 게임플레이에서는 어느 순간부터 플레이어가 주인공을 직접적으로 조종할 수 없게 된다. 마치 컷신이 재생되는 것처럼 주인공이 갑자기 제멋대로 행동하기 시작해 결말까지 자동으로 이르게 된다. 그 순간부터 게임은 이미 플레이어가 주인공의 통제권을 가진 '의지'로부터 분리되었다는 사실을 서서히 드러내고 있었다. 이렇게 플레이어로부터 통제권을 빼앗고 게임 속의 '의지'라는 고유한 존재와 플레이어를 분리시킴으로써, 「언더테일」은 게임 바깥에서

게임에 임하게 만드는 플레이어의 의지란, 플레이어가 자기 자신의 행동을 결정하고 통제하는 주체성-자율성으로서의 의지가 아닌, 플레이어를 움직이는 자연적 의지, 힘에의 의지, 디오니소스적 의지임을 보여 준다. 이때 게임의 메뉴, HUD, 그리고 UI 전체―플레이어가 게임에 임하도록 그를 '당신'이라고 일컬으며 이끌어 왔던―가 바로 이 '의지'였던 셈이다. 결국 '의지'는 지금까지 플레이어에게 게임 충동을 불어넣었던 바로 그 주체의 정체이자, 당연히 컷신에서 플레이어의 통제권을 박탈하고 스스로 주인공을 움직이는 게임 시스템의 의지이기도 하다. '의지'와 플레이어 간의 대면이 일어나는 순간도 엄밀히 말하면 컷신에 포함된다. 일반적인 컷신과 달리 플레이어와 NPC―어쨌든 '의지'도 NPC 중 하나이다―간의 직접적인 대화로 이루어진 이 장면에 주인공의 자리는 없지만, 그럼에도 플레이어에게 어떠한 선택권도 통제권도 없다는 점에서 이 대면은 컷신의 본질과 매우 가깝다.

이렇게 「언더테일」은 플레이어가 UI에게 갖고 있던 믿음―게임 내 세계와는 분리되어 일관되고 통일된 피난처를 제공해 줄 것이라는 기대―전부를 흔적조차 남지 않게 산산조각 내 버린다. UI와 게임플레이 사이의 경계를 의도적으로 파괴한다는 것은 곧 플레이어를 게임 세계 속으로 몰입시키던 진입 장치를 파괴한다는 것이다. 이를 베르톨트 브레히트는 '제4의 벽'(the fourth wall)이라 부를지도 모르겠지만, 연극과 달리 게임에서는 제4의 벽을 파괴한다고 해서 플레이어가 경험적 현실로 돌아가 사회와 정치에 대해 사유하게 되지는 않는다. 게임 속 세계가 실재한다고 믿게 만든 디오니소스적 몰입 장치, 코러스, UI가 파괴될 때 플레이어는 오히려 게임 속 세계가 경험적 현실로 밀려 나옴을 경험하게 된다. 궁극적으로 플레이어는 경험적 현실이 디오니소스적 현실 앞에 신기루처럼 흩어져 버리는 것을 목격한다.

픽셀 그래픽 게임이라고 믿어 의심치 않았던 게임이 갑자기 실사 그래픽을 사용하기 시작할 때, 게임이 화면 바깥으로 기어나와 게임 자신의 프로그램 제목까지 바꾸기 시작할 때, 플레이어의 현실과 게임의 현실 사이의 경계는 점점 애매모호해지기 시작한다. 결국 플레이어가 UI에 대해 갖던 신뢰는 그것이 공고한 진입 장치의 역할을 해 주리라는 기대일 뿐 아니라 자신의 세계를 게임 속 세계로부터 갈라놓고 지켜 주리라는 착각이기도 한 셈이다. 마치 그리스인들이 "자신을 현실 세계로부터 완전히 차단하고 자신의 이상적 지반과 자신의 시적인 자유를 획득"하기 위해 자기 주변에 "살아 있는 성벽"을 쳐 놓았듯이 말이다. 무대 위의 디오니소스적 세계가 현실로부터 보호된다는 것은 현실 또한 무대 위 디오니소스적 세계로부터 보호됨을 의미한다. 그러므로 이 벽을 무너뜨리는 것은 단순히 관객 혹은 플레이어를 현실로 끌어내는 것이 아니라, 경험적 현실의 안전과 견고함을 깨부수는 일이다. 이제 '몰입'에서 빠져나온 플레이어는 이렇게 생각한다. '방금까지 나에게 그 무엇보다도 생생하고 완전한 실재였던 게임 속 세계를 외부로부터 보호해 주는 벽이 이제 존재하지 않는다면, 지금 이렇게 내가 경험하고 있는 게임 바깥의 현실을 보호해 줄 벽은 도대체 어디 있는가?' 결국 UI의 붕괴는 곧 경험적 현실의 붕괴를 의미하고, 플레이어로 하여금 "현상들이 끊임없이 변화하는 속에서도 불멸의 힘을 지닌 채 환희에 넘쳐" 있는, "사물의 근저에 놓여 있는" 삶을 발견하게 만들어 준다. UI는 신뢰를 제공함으로써 플레이어를 게임 속의 디오니소스적 현실로 몰입시켜 주었고, 이제 그 자신이 제공했던 신뢰를 스스로 배반함으로써 플레이어에게 경험적 현실 너머의 디오니소스적 진리, 자연을 일깨워 준다. 따라서 배반하는 UI는 플레이어를 경험적 현실로부터 "해방시켜 주는 수단"이다.[31]

31. 같은 책, 112-114.

그림18 영화 「엑시스텐즈」

　　우리는 영화 「엑시스텐즈」의 마지막 장면에서 플레이어들이 결국 게임 바깥으로 빠져나온 것이 맞는지 의심한다. 그러나 그에 대한 답은 명확하게 찾을 수 없다. 어쩌면 그 답은 애초부터 존재하지 않을 수도 있다. 만일 게임의 바깥이라는 것이 존재하지 않는다면, 경험적 현실이란 디오니소스적 현실을 가린 "마야의 베일"에 불과할 뿐이라면, 팟, 코러스, UI는 플레이어의 눈앞에 드리워진 그 베일을 벗겨 낼 뿐이라면 말이다.[32] 어떻게 보면 제4의 벽을 파괴함으로써, 브레히트가 상상했던 사유는 아니겠지만, 진정한 의미에서의 현실에 대한 사유가 가능해지는 것일지도 모르겠다.

그림18

---

32. 같은 책, 56-57.

3. UI의 실패 조건

이처럼 UI에의 믿음, 즉 플레이어가 실재적 근거 없이 안일하게 UI에 관해 갖고 있던 믿음을 해체하여 그에게 충격과 진실, 자연의 현현(顯現)을 발생시키기 위해서는 필수 불가결한 전제가 있다. 우선 UI가 게임 속으로의 몰입 장치로서 확실히 기능해야만 한다. 그렇다면 UI는 구체적으로 어떻게 플레이어를 게임 안으로 제대로 몰입시킬 수 있는 것일까? 이에 대해 알아보기 위해서는 UI가 플레이어를 효과적으로 몰입시키는 경우보다는 UI가 플레이어를 몰입시키는 데 실패하는 예시들을 살펴보는 것이 좋다. 이때 UI가 플레이어에게 실질적으로 작용하는 방향은 크게 두 가지 측면으로 나누어 살필 수 있다. 먼저 정보를 전달하고 감각을 생산하는 시청각적 표현의 설계, 즉 디자인의 측면을 조명할 수 있다. 그다음으로 플레이어에게 명령하는 행동들의 수형도(tree diagram), 다시 말해 UI가 유도하는 플레이어의 행위 원리의 측면을 검토할 수 있다.

　　게임이라는 프로그램을 구동시키면 플레이어가 가장 처음으로 맞닥뜨리게 되는 UI는 시작 화면 메뉴이다. 시작 화면 메뉴에서는 보통 움직이거나 움직이지 않는 게임의 대표 이미지를 배경으로 플레이어가 상호작용 할 수 있는 중추적인 기능들, 가령 '게임 시작', '(저장 파일) 불러오기', '게임 설정', '게임 종료' 등이 표시된다. 이는 바꿔 말하면 시작 화면 구성에는 필수적이라고 할 만한 요소들이 그렇게 많지 않다는 이야기가 된다. 시작 화면은 이미지 한 장과 네 가지가량의 기능 항목만 배치해도 충분히 게임의 가동 조건을 만족한다. 하지만 이 기능적 단순함으로 인해 시작 화면의 구성이 플레이어가 경험할 몰입의 정도를 결정할 수 있음이 간과되곤 한다. 실제 게임들도 이를 자주 등한시한다. 특히 이른바 '텅 빈' 시작 화면이라는 디자인의 기조가 게으르리만치 남발되는 것을 보면 알 수 있다.

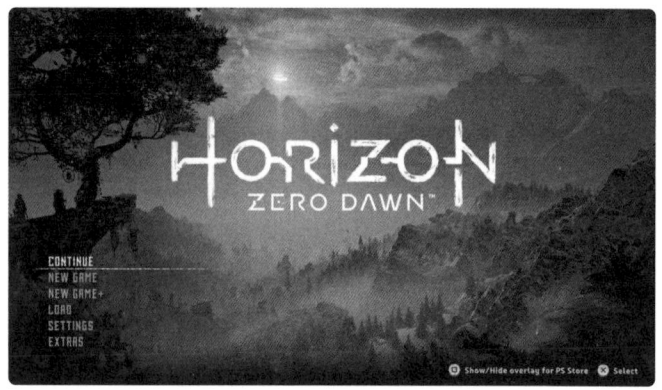

圖19 「호라이즌 제로 던」

  이 나쁜 기조의 대표적인 예시로 게임 「호라이즌 제로 던」(Horizon Zero Dawn, 2017)의 시작 화면이 있다. 「호라이즌 제로 던」의 시작 화면은 그 전체가 16대 9의 비율로 넓게 펼쳐져 있다. 그러나 '새 게임', '이어 하기', '불러오기' 등 모든 메뉴 문구가 그 광활한 화면 좌측 하단 아주 좁은 공간에 몰아져 박혀 있다. 그 외에는 제목과 그 뒤로 게임 배경인 널찍한 풍경이 가운데 덩그러니 놓여 있을 뿐 그 어떤 것도 표시되어 있지 않다. 정작 이 게임을 시작하면 그 세계뿐만 아니라 시스템상으로도 정말 많은 요소가 빈틈 하나 없이 복잡다단하게 꽉꽉 들어차 있음을 볼 수 있다. 그럼에도 불구하고, 이 텅 빈 시작 화면은 게임을 처음 켜는 플레이어에게 그러한 인상을 전혀 제공하지 못하고 오히려 게임의 실제 인상과 완전히 대비되는 허전함을 불러일으키게 된다. 게임플레이와 대비되는 시작 화면 구성 디자인의 연유를 굳이 찾자면, 게임 내 지형의 광막함을 표현하고 싶었고 무엇보다 디자인적 '간결함'을 추구하려 한 것이 아닐까. 圖19

  실제로 이러한 '간결함'의 유혹이 오늘날의 많은 게임을 텅 빈 시작 화면으로 이끌고 가는 원동력이라 추측한다. 예를 들어 게임 「콜 오브 듀티: WWII」(Call of Duty: WWII, 2017)의 경우에도 「호라이즌 제로 던」과 마찬가지로 텅 빈 시작 화면을 보여 준다. 그러나 이 게임이 제공하는 첫인상은 「호라이즌 제로 던」의 것과는 전혀 다르다. 그 이유는 「콜 오브 듀티: WWII」의 시작 화면 메뉴가 두 단계로 나뉘어 있기 때문이다. 「호라이즌 제로 던」의 시작 화면에서 '새 게임'을 선택하면—화면 구성 자체는 그대로인 채로 난이도 선택만 마친 뒤—게임플레이가 곧바로 시작된다. 그러나 「콜 오브 듀티: WWII」의 첫 시작 화면에는 '캠페인', '멀티 플레이어', '나치 좀비(모드)', '지역 플레이'라는 항목들이 표시되어 있고 이 항목들을 선택하면 각 항목별 두 번째 시작 화면으로 진입하게 된다. 이 시작 화면들은 첫 시작 화면과는 완전히 분리되어 서로 다른 자신만의 메뉴 구성을 갖고 있다. 예를 들어 '캠페인'의 시작 화면에서는 '미션 선택', '기억들', '설정', '크레디트' 등을 볼 수 있고, '멀티 플레이어'의 시작 화면에서는 '새 소식', '경기 검색', '군인', '명령', '소셜', '설정', '상점' 등이 나타난다. 여기서 「호라이즌 제로 던」과 「콜 오브 듀티: WWII」의 시작 화면 메뉴들이 가지는 가장 명백한 차이는 다층성에 있다고 할 수 있다. 「콜 오브 듀티: WWII」의 시작 화면 메뉴가 「호라이즌 제로 던」의 것보다 다층적으로 구성되어 있다는 것은 곧 「콜 오브 듀티: WWII」의 첫인상이 플레이어에게 '더 많은 것(기능)이 구성되어 있다', 즉 '내가 할 수 있는 게 더 많다'라는 감각을 준다는 이야기이다. 단순히 보면 메뉴가 여러 겹인 만큼 플레이어가 선택할 수 있는 기능의 개수가 더 많기 때문에 플레이어가 풍부하다는 첫인상을 받는 것일 수도 있다. 그러나 그보다 중요한 점은, 처음 만나는 메뉴에 더 많은 기능이 있다고 느끼면 게임 전체의 밀도도 그만큼 높으리라고, 그러니 게임 자체를 신뢰할 수 있겠다고 느낀다는 점이다. 바꿔 말하자면 「호라이즌 제로 던」과 같이 단층적인 텅 빈 시작 화면을 가진 게임의 경우에는 게임의 밀도가 낮다는 느낌—신뢰와는 거리가 먼—을 준다. [20]

그림 20 「콜 오브 듀티: WWII」
그림 21 「더 라스트 오브 어스 파트 II」

또한 앞서 말했듯 시작 화면이 게임플레이 자체가 주는 감각과 일치하지 않는다는 점도 「호라이즌 제로 던」이 가지고 있는 또 다른 문제이다. 예를 들어 게임 「더 라스트 오브 어스 파트 II」(The Last of Us Part II, 2020)는 「콜 오브 듀티: WWII」와 달리 여러 겹의 시작 화면이 없는 데다 「호라이즌 제로 던」보다도 더 텅 빈 메뉴를 보여 준다. 그러나 「더 라스트 오브 어스 파트 II」에서는 그 텅 빔이 게임의 주제인 '복수라는 행위의 허무함'을 잘 나타내며, 플레이어가 할 수 있는 것이 그다지 많지 않다는 점이 이 게임의 가장 주요한 특징 중 하나임을 고려하면 시작 화면이 게임의 전체 분위기와 괴리된다고 말하기 힘들다. 하지만 「호라이즌 제로 던」에서는 풍부한 자연과 여러 기계장치가 함께 어우러져 있는 이국적이며 신비로운 가상 세계를 '탐험'하고 이 아름다운 세계를 멸망으로부터 '주도적으로' 지켜 내는 것이 게임의 커다란 줄기이므로 시작 화면이 제공하는 '허전함'은 게임의 전체 분위기와 여러모로 거리가 멀다. 📖 21

　　　　이보다 한술 더 떠 게임 「갓 오브 워」(God of War, 2018)에는 처음 시작 화면에 메뉴 항목이 '새 게임'과 '설정' 단 두 개밖에 없다! 왼쪽 상단의 제목과 그 아래 저 두 항목 외에는 순수 UI라고 할 수 있는 것이 전혀 없고, 구성 요소 또한 그 뒤로 나무 한 그루 옆에 도끼를 들고 오도카니 서 있는 주인공 외에는 전혀 없다. 하지만 「갓 오브 워」는 필연적으로 이러한 텅 빈 시작 화면을 구성할 수밖에 없다. 그 이유는 '새 게임'을 선택하면 시작 화면과 분리된 별개의 게임플레이 화면으로 넘어가는 것이 아니라, 간소한 순수 UI들만 사라지고 곧장 주인공이 나무에 도끼를 휘두르며 원래의 시작 화면이 그대로 게임플레이 화면이 되기 때문이다. 이러한 전략은 앞서 살펴보았던 「언더테일」처럼 연출적 반전을 꾀하기 위해 의도적으로 텅 빔을 가장한 것이나 마찬가지이므로 「호라이즌 제로 던」과 같은 UI의 실패 사례라고 할 수는 없으리라. 결론적으로, 텅 빈 시작 화면을 사용하는 모든 UI가 실패하는 것은 아니고 「호라이즌 제로 던」이 유달리 실패한 셈이다. 이렇게 「호라이즌 제로 던」의 시작 화면 UI가 실패하는 원인은, 플레이어에게 '할 것이 없다'는 인상을 주어 게임 전체의 구성까지 허술해 보이도록 만드는 단층적인 메뉴 구성, 게임 전체 분위기와 첫인상의 부조화, 연출적 전략의 부재 등이다. 📖 22

　　　　따라서 플레이어가 게임플레이 속으로 진입하기 이전에 시작 화면 메뉴가 플레이어에게 적절한 첫인상을 제공하지 못한다

圖 22 「갓 오브 워」

면, 그 시작 화면 메뉴가 플레이어와 게임플레이 사이를 이어 주는 몰입 통로로서 순수 UI의 역할도 효과적으로 수행하지 못하리라는 것은 불 보듯 뻔하다.(그래도 다행히 「호라이즌 제로 던」의 경우에는 시작 화면에서 효과적인 UI를 구성하는 데에는 실패했지만 게임플레이를 시작하고 나서 플레이어가 만나는 인게임 메뉴는 게임의 전체 분위기에 걸맞게 충분히 치밀하고 체계적이며 통일감 있는 디자인을 취하고 있어 실질적인 게임플레이 경험 속 UI와의 상호작용이 몰입을 방해하지는 않는다.) 그러나 「네크로문다: 하이어드 건」(Necromunda: Hired Gun, 2021)과 같은 게임에서 보이듯 인게임 메뉴마저도 조악하고, 흉측하며, 불편하고, 불필요하게 구성되어 있다면 게임플레이 와중에도 끊임없이 몰입을 방해받게 된다. 우선 아주 기이한 인게임 메뉴 시스템이 이 게임의 불편한 UI를 가장 자랑스럽게 대표한다. 예를 들면 게임플레이 전반에 걸쳐 각 미션이 시작되거나 끝나는 순간, 장비를 구입하는 순간 등을 제외한 평상시에는 플레이어의 인벤토리를 변경하는 것은 고사하고 확인조차 할 수 없도록 구성되어 있다. 거기다 정작 그렇게 정해진 순간에만 불러낼 수 있는 인벤토리 화면 속에 아이템 설명을 표

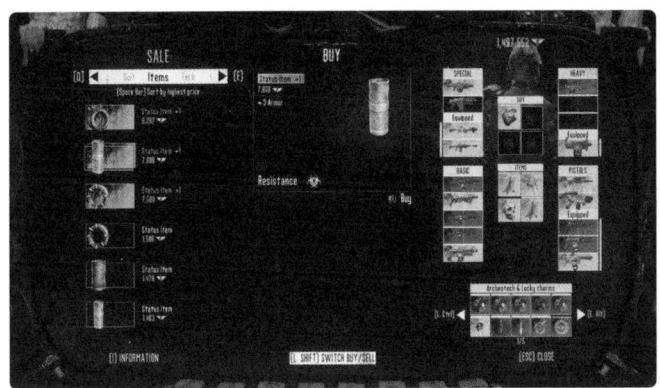

圖 23 「네크로문다: 하이어드 건」

시하는 공간은 또 불필요하게 넓다. 이 점 또한 이 게임의 UI 디자인에 끊임없이 의문을 던지게 만든다. 「네크로문다: 하이어드 건」은 기본적으로 인벤토리 UI의 프레임을 무기류 아이템 설명에 맞춰 구획했다. 그리고 무기류 아이템의 경우에는 정확도, 안정성, 관통력 등 기술할 내용이 많기 때문에 인벤토리의 아이템 설명 칸이 넓다고 해도, 액세서리와 같은 아이템의 경우에는 "아머 +2" 따위 외에 표시할 설명이 없는데도 무기류와 같은 크기의 설명 칸을 차지한다. 공간이 충분한 데 비해 그에 할당할 설명이 없으니 광활한 UI 프레임 내부에 "아머 +2"라는 저 짤막한 텍스트만 덩그러니 남는 것이다. 圖 23

나아가 「네크로문다: 하이어드 건」의 UI에 사용되는 글꼴이, 게임의 어두컴컴하고 잔혹하며 기계적인 분위기와 단 한 치의 조화도 이루지 않는 아기자기한 스타일이라는 점은 이 게임의 전체 디자인에서 가장 치명적인 결함이다. 메뉴뿐만 아니라 HUD, 자막 등 게임의 전반적인 UI를 구성하는 항목 안에서 가장 지배적으로 정보 전달을 담당하는 시각 요소는 단연 텍스트라고 할 수 있다. 그리고 이 텍스트의 글꼴은 플레이어가 마주하는 게임 화면 전체의 인상, 분위기, 시각적 경험, 미적 감각 등을 크게 결정한다. 「다키스트 던전」(Darkest Dungeon, 2016), 「데드 셀」(Dead Cells, 2018), 「다크 디보션」(Dark Devotion, 2019) 등의 게임은 전반적인 그래픽과 순수 UI 디자인에 있어서 게임의 분위기에 걸맞게 픽셀 아트나 고풍스러운 고딕 호러의 양식을 취하고 있다. 하지만 한편으로 이 게임들은 사실상 거의 '애리얼'(Arial)[33]과 구분되지 않는 지나치게 깔끔하고 현대적인 글꼴을 UI에 사용함으로써 게임 화면이 이룩할 수 있었던 미적 감각의 통일감을 완전히 무너뜨리고 만다. 물론 상기한 게임들을 전부 알고 있다면 벌써 눈치챘겠지만, 이 게임들은 모두 대형 기업이 아닌 독립 개발자들이 제작한 인디 게임이다. 따라서 게임에 사용할 글꼴을 따로 디자인하거나 게임 미감과 분위기에 걸맞은 유료 글꼴에 대한 비용을 지불할 충분한 자본이 없어 어쩔 수 없이 무료 글꼴을 사용했을 가능성이 높다.(만일 독자적으로 개발한 글꼴임에도 불구하고 결과물이 그렇다면 그때는 변명의 여지 없이 개발자의 잘못이다!) 하지만 그러한 애로 사항을 감안한다 쳐도 해당 게임들의 글꼴이 전체적인 게임의 분위기를 흐트러뜨린다는 문제점은 지적하고 넘어가야 한다. 순수 UI의 가장 커다란 시각적 요소 중 하나가 바로 글꼴이고, 이러한 UI의 디자인이 일관성을 획득하고 신뢰를 수립하는 데 실패할 경우 플레이어는 게임의 구성 자체가 엉성하고 조악하다는 인상을 받게 된다. 그리고 그것은 곧 게임 속 세계 자체의 불완전성과 부정합성, 즉 신뢰 불가능성으로 연결되고 궁극적으로 몰입 경험 제공의 실패라는 결과를 낳는다. 📖 24-26

하지만 UI의 디자인이 미적 감각의 측면에서 단순히 시각적인 편안함, 아름다움, 세련됨 등을 지향해야만 한다는 것은 아

---

33. 대부분의 OS에서 기본 글꼴로 사용되는 산세리프 로마자 글꼴. 한글 글꼴 중 '맑은 고딕'과 역할상 유사하다.

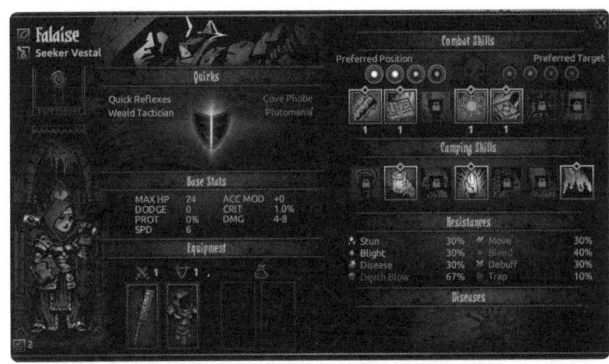
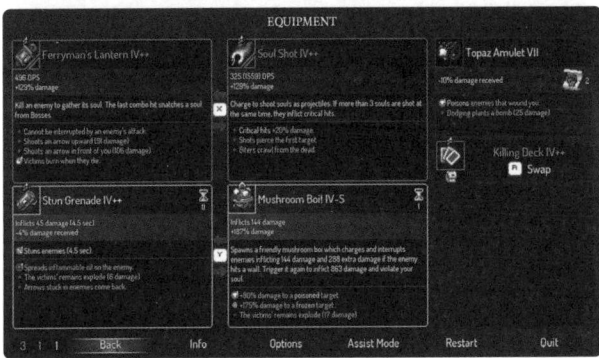

그림 24 「다키스트 던전」
그림 25 「데드 셀」
그림 26 「다크 디보션」

니다. 언뜻 보면 조잡하고 흉물스럽거나 촌스러운 외관의 UI를 가지고 있음에도 불구하고 그러한 디자인의 풍취가 게임플레이 자체의 투박한 맛과 어우러져 몰입에 일조할 가능성도 있다. 앞서 말한 「언더테일」의 경우도 극단적으로 간소한, 나쁘게 말하면 성의 없게까지 보이는 UI 디자인—시작 화면과 메뉴 모두 오로지 검은 배경과 픽셀화된 흰 글씨만으로 이루어져 있을 뿐 그 외에 어떤 다른 구성 요소도 포함하지 않는—을 장착하고 있다. 그러나 해당 디자인의 단순함은 그에 못지않게 소박한 게임 전체의 그래픽과 전혀 상충하지 않을뿐더러, 끊임없이 반전을 꾀하기 위해 플레이어를 방심시키고자 하는 「언더테일」의 중심 연출 전략에도 충실하게 복무하고 있다. 이는 의도적으로 텅 빈 시작 화면 메뉴를 구성했던 「갓 오브 워」와도 일맥상통할 것이다.

　　　　반면, 이들처럼 연출상의 전략에 따라 의도적으로 플레이어의 기대감을 낮추고자 UI를 표면적으로 조악하고 빈곤해 보이도록 설계한 것이 아니라, 제작자의 미감이 지리하기 짝이 없어 추한 디자인이 태어난 경우도 있다. 하지만 이러한 경우에 단지 순수 UI뿐만이 아니라 게임의 그래픽, 사운드 등 모든 감각적 측면이 일관적으로 끔찍하기 때문에 UI가 그 안에서 부적합하게 작동하지는 않는다. 「켄시」(Kenshi, 2013)나 「림월드」(RimWorld, 2013) 등이 이러한 미감을 두르고 있는 대표적인 게임이다. 만약 두 게임을 플레이해 보지 않은 누군가가 「켄시」와 「림월드」의 스크린샷만 본다면 여러 가지 의구심—도대체 이런 게임들을 누가 플레이하는지, 어떤 인생의 여로를 걸어왔고 그러면서 어떤 정신 상태와 미적 감각을 가지게 되었길래 이러한 형상의 게임들을 플레이하는지, 이런 게임들을 아직도 누군가 플레이하고 있다는 게 시대와 사회의 정체와 퇴보를 증명하는 것이 아닌지—을 가질 것이다. 하지만 이런 의구심을 풀기 위해 굳이 위의 게임들을 플레이해 본다면 그 이해할 수 없는 디자인에 대한 결정을 어느 순간 납득하고 있는 자신을 발견하게 될 것이다. 「켄시」와 「림월드」의 충격적인 디자

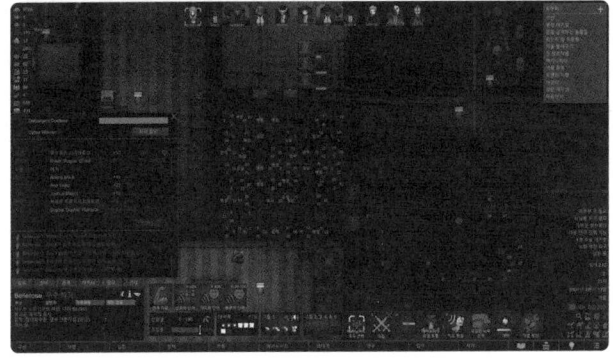

📷 27 「켄시」
📷 28 「림월드」

인을 해명해 주는 것은 바로 이 게임들의 조악하고 투박하지만 독특한 플레이 시스템이다. 그리고 두 게임 모두 독립적으로 개발된 인디 게임이라는 점도 고려할 사안이다. 「켄시」와 「림월드」의 시스템처럼 다른 게임들에서 찾아보기 힘든 각자만의 고유한 시스템, 즉 여태껏 별로 시도된 적 없는 시스템을 독립 개발자가 성공적으로 구성하는 과정에는 필연적으로 특유의 엉성함—마치 가전제품을 분해해서 만든 원자로가 주는 듯한 감각—이 동반되기 마련이다. 📷 27-28

그리고 아직 연결된 적이 없는 회로들이 이어지는 과정에서 오랜 시행착오에 의해, 혹은 여러 사람에 의해 정제되지 않은 개발자들의 사고(思考)가 날것으로 드러나는 영역이 바로 UI의 디자인이다. 「켄시」와 「림월드」는 분명 각각 다른 장르를 지향하고 있는 게임들이다. 그럼에도 불구하고 이 게임들에서 한 가지 유사한 시스템을 발견할 수 있다. 바로 모든 NPC의 사지(四肢)가 게임 안에서 모두 각자 다른 개별적인 부분들로 인식되고, 또 그것들에 대해 관리, 분리, 조립, 섭취, 판매 등 여러 가지 상호작용을 할 수 있다는 것이다. 「켄시」에서는 각 팔다리에 따로따로 내구도가 할당되어 있고 이 내구도가 다 소모되면 해당 부위가 완전히 손상 혹은 절단되어 사용할 수 없게 된다. 이러한 경우에 사지를 잃은 NPC는 해당 부위를 이용한 행동—팔이라면 공격, 다리라면 이동 등—을 취할 수 없다. 잃어버린 기능을 되찾기 위해서는 의수나 의족을 구입, 제작, 절도 등의 방식으로 획득해 착용해야만 한다. 그리고 이미 잘려 나간 팔이나 다리의 경우 일반적으로는 별다른 용도가 없으나 만일 키우는 개가 있다면 물고 뛰어다니는 장난감의 용도로 사용할 수 있다. 「림월드」의 경우에도 「켄시」와 같이 사지가 일정한 내구도를 가지고 있는데 이 또한 마찬가지로 전투나 사고 등의 여파로 손상될 수 있다. 다만 「림월드」는 사지를 제거할 수 있는 한 가지 방법을 더 가지고 있는데 그것은 바로 수술을 이용한 적출이다. 따라서 「림월드」에서는 포로로 잡은 적 NPC의 팔다리를 모두 적출해 누운 자리에서 평생 아무런 행동도 못 하도록 만들 수 있다. 심지어 「림월드」는 사지뿐만 아니라 심장, 간, 신장 등의 내장 부위들도 적출할 수 있도록 시스템을 구성해 놓았다. 심지어 적출한 장기들을 상인에게 팔 수도 있다. NPC의 눈, 턱 등의 기타 신체 부위들은 적출한 뒤 판매할 수는 없지만 해당 부위들을 제거하기만 해도 부여되는 제한적인 페널티들이 있어 이를 이용하는 여러 방법이 게임 내에 있다. 예를 들어, 자신의 주위 환경 미관에 너무 많은 영향을 받는 NPC가 있다면 그것을 매번 보면서 신경 쓰지 않아도 되도록 눈을 뽑아 주거나, 함께 생활하는 다른 NPC들에게 자주 욕설을 일삼아 분위기에 악영향을 주는 NPC의 경우 턱을 뽑아 조용하게 만들어 준다든지 하는 방식들로 말이다.(물론 그저 플레이어의 사디즘을 분출하는 용도로도 「림월드」의 장기 적출 시스템은 사용될 수 있다.)

      그런데 그 시스템의 특별함과 별개로 이러한 신체 부위 절단 및 적출 과정은 「켄시」와 「림월드」 모두에서 전혀 매끄럽게 작동하지 않는다. 우선 「켄시」에서는 오직 전투 과정에 의해서만 사지가 손상될 수 있고 그 외에 사지 절단 시스템을 작동시킬 별다른 방법이 존재하지 않는다. 여기서 가장 큰 문제는 「켄시」의 전투 시스템이 확률적 자동 전투 방식이라는 점이다. 예를 들어 플레이어가 조종하는 캐릭터 A가 존재하고 플레이어가 A를 이용해 싸우고 싶은 B라는 NPC가 존재한다고 할 때, 플레이어는 A에게 B를 공격하라고 명령을 내릴 수 있지만 정확한 공격의 세부 사항—어느 부위를 어느 강도로 어떻게 공격할지—은 지정할 수 없다. 플레이어는 A에게 공격 명령을 내리고 나서 A와 B가 전투하는 것을 가만히 지켜볼 수밖에 없다. 해당 싸움의 결과는 순전히 자동 전투 시스템의 확률 계산 결과에 달려 있다. 그나마 다행인 것은 플레이어가 A에게 싸움이 유리하게 돌아가도록 상황을 구성하기 위해 A에게 B를 공격하도록 지시한 뒤 A가 B에게 첫 공격을 날리면 B가 이어서 맞공격을 날리기 전에 A에게 도주를 명령하고 또 거리가 충분히 멀어지면 다시 A에게 공격 명령을 내려서 딱 한 대만 때리고 다시 도망가게 하는 과정을 반복하는 등의 전략을 이용할 수는 있다. 그러나 이러한 경우에도 사지 절단 시스템이 작동하도록 강제할 수는 없다. 오직 A가 B를 때리고 안 때리고만 결정할 수 있고 어디를 때리는지는 조절할 수 없기 때문이다. 「림월드」의 경우에는 수술 메뉴를 열었을 때 사실 팔다리 적출 항목이 존재하지 않는다. 심장, 간, 신장과 같은 부위들은 바로 적출할 수 있도록 메뉴에 항목이 따로 존재하지만 눈, 턱, 팔, 다리는 그렇지가 않다. 대신 플레이어가 외견상 불가능한 장기 적출에 접근하는 방법은 메뉴의 '의족 장착' 항목을 선택하는 것이다. 이미 다리가 있는 NPC에게 의족을 장착하기 위해서는 어쩔 수 없이 다리를 절단해야만 하는데, 해당 수술 과정을 거친 다음에 바로 다시 수술 메뉴를 열면 '의족 제거' 항목이 새로 생겨났음을 볼 수 있다. 여기서 의족을 제거하면 수술을 받은 NPC는 다리가 없는 상태로 누워 있게 된다. 즉, 「림월드」에서 사지 절단은 분명히 존재하는 기능과 마찬가지이지만 시스템상에서 별개의 기능으로 분류하여 구성해 두지 않아 굳이 불편한 경로를 거쳐야만 접근할 수 있는 행위다. 이처럼 「켄시」와 「림월드」에서는 일반적인 게임들에서 발견할 수 없는 특수한 시스템을 작동시킬 수 있음에도 불구하고 그 시스템의 작동 방식 및 과정은 한편으로 거칠고 엉성하다. 그리고 게임이 이렇게 주먹구구식 시스템을 기용하고 있을 때에는 UI가 조악하고 끔찍한 것이 플레이어의 몰입을 방해하지 않을뿐더러 오히려 전체 게임플레이 경험과 분위기, 인상을 통일감 있게 조성한다.

        그렇다면 게임의 UI 디자인에서 가장 중요한 것은 간결함으로 대표되는 어떤 미적인 아름다움 같은 것이 아니라 게임플레이가 제공하는 분위기와의 일관성과 통일감일지도 모르겠다. 예를 들어 유럽 최대 규모의 게임 기업인 유비소프트에서 만든 세련된 게임에 「켄시」의 UI가 사용된다고 생각해 보자. 다양한 의문들—도대체 그 기업의 거대한 자본력으로 UI 디자이너를 왜 따로 고용하지 않은 것인지, 혹은 고용했다면 그 UI 디자이너는 제2차 세계대전 이전에 태어난 사람인 것인지, 그것도 아니라면 디자이너에게 임금을 제대로 지불한 것인지 등—이 발생할 것이다. 왜냐하면 최소한 2010년대 이후에 유비소프트에서 제작[34]한 게임들

---

34. 유비소프트와 같은 대형 게임 기업들은 개발과 제작을 도맡아 하고 있으므로 해당 기업의 상표가 붙어 있다고 해서 모두 유비소프트에서 제작한 게임인 것은 아니다.

은 대부분 어떤 고유한 시스템을 새롭게 독자적으로 실험하고 개발해서 활용한 것이 아니기 때문이다. 기존 게임들의 사례를 통해 이미 오랜 시간에 걸쳐 충분히 검증된 시스템을 더욱 효율적인 형태로 다듬어 사용하는 경우가 대다수이다. 따라서 「켄시」의 거친 UI가 오늘날 유비소프트 게임의 세련된 시스템과 만나게 된다면 아주 끔찍한 불협화음을 낼 것이 분명하다. 반대로 「켄시」에 유비소프트의 미려한 UI가 들어가게 된다고 해도 마찬가지이다. 마감이 깔끔하고 화려한 UI는 오히려 「켄시」의 시스템이 가지는 투박함을 여실히 드러낼 것이다.

한편 UI가 플레이어와 게임플레이 사이를 연결해 주는 매개 장치로서의 역할을 성공적으로 수행하는지의 여부는 디자인의 조화뿐만 아니라, 그 UI를 이용하는 플레이어가 UI에게서 명령받는 행동들의 유효성에도 달려 있다. UI가 명령하는 행위의 작동 원리가 충분히 효율적이지 않은 경우에는 앞서 설명한 「켄시」와 「림월드」의 사지 절단 시스템도 분명히 해당되기는 한다. 그럼에도 불구하고 두 게임의 시스템은 플레이어들이 그 시스템을 이용한다는 점에서, 그러니까 그 불합리하고 거추장스러운 행위 연쇄의 사슬을 거쳐서라도 즐기게 된다는 점에서 궁극적으로 실패보다는 성공에 가까운 사례이다. 오히려 그 불편함을 감수할 만큼의 재미가 해당 시스템에 존재함을 의미하기 때문이다.

  반대로 편의성을 제공하지만 지속적인 재미를 창출하는 데에는 실패해 결과적으로 플레이어를 질리게 만드는 기능의 사례가 있다. 바로 현대 게임에서 굉장히 타성적으로 사용되고 있는 '탐색'(search/scan) 기능이다. 「호라이즌 제로 던」의 '포커스'(focus), 「디스아너드」(Dishonored, 2012)의 '다

여기서는 유비소프트에서 출시된 게임 중에서도 유비소프트 직속 산하 스튜디오들에서 만든 게임들로 논의를 한정한다.

크 비전'(dark vision), 「더 위쳐 3: 와일드 헌트」(The Witcher 3: Wild Hunt, 2015)의 '감각'(sense), 「히트맨」(Hitman, 2016)의 '본능'(instinct), 「레드 데드 리뎀션 2」(Red Dead Redemption 2, 2018)의 '이글 아이'(eagle eye), 「어쌔신 크리드: 오디세이」(Assassin's Creed: Odyssey, 2018)의 '계시'(revelation) 등 수많은 게임에서 다양한 이름으로 불리고 있는 이 기능은 명칭만 다르지 사실상 전부 같은 기능이나 마찬가지이다.(오히려 게임마다 저렇게 서로 다른 이름을 붙이는 것이, 스스로 그 기능의 대동소이함을 알고 있는 제작자들이 도둑이 제 발 저리는 심정으로 자신들의 진부함을 숨기기 위함은 아닌지 의심하게 된다.)

     탐색 기능이란 본질적으로 플레이어 주변 환경 속에 잘 보이지 않도록 숨겨진 요소—아이템, 비밀, 단서 등—를 시각적으로 강조해서 찾기 쉽게 만들어 주는 기능이다. 그리고 이 기능은 여러 형태의 UI로 자기 자신을 드러낸다. '힌트'(hint)는 튜토리얼에서부터 탐색 기능의 유무 자체와 이 기능을 작동시키는 키를 알려 준다. 또 힌트는 게임플레이 도중 주인공 캐릭터 주변에 숨겨진 요소가 존재하거나 플레이어가 오랜 시간 특정 기능을 사용하지 않을 경우 이를 귀띔해 주어 탐색 기능의 존재를 상기시킨다. 그리고 지금까지 언급한 거의 모든 게임이 탐색 기능의 작동을 표시하는 동일한 방식을 공유한다. 주인공 캐릭터 주변 지형의 표면 위로 마치 레이더의 전파가 훑고 지나가는 듯한 효과를 준 다음에, 전파가 지나간 자리에 숨겨져 있던 요소의 실루엣이 빛나도록 표시해 주는 것이 탐색 기능의 공통적인 표현 문법이다.

     정리하자면, 탐색 기능에 해당하는 UI 집합은 두 가지 편의성을 제공한다. 우선 탐색 기능의 존재 자체와 그 사용법을 알려 주고, 또한 게임 내 숨겨진 요소를 플레이어가 힘들여 들여다보지 않아도 쉽게 찾을 수 있도록 해 준다. 다르게 보자면, 탐색 기능의 존재를 안내하는 UI는 플레이어에게 게임 세계 안에 숨겨진 비밀,

단서, 아이템 등이 있음을 계속해서 일러 주고 해당 기능을 사용하여 탐험을 이어 가라고 끊임없이 명령한다. 이 UI는 플레이어가 바라보는 화면의 일부 혹은 전체—그 시점이 일인칭이든 삼인칭이든—를 장악하며 매우 강박적인 코러스가 된다. "더 찾으라…. 더 샅샅이 뒤지라…. 당신은 항상 무언가를 놓치고 있다…."

이렇게 집요하게 플레이어에게 편의성을 제공하고자 하는 기능적 UI의 집합은 결과적으로 실패하게 된다. 이 실패의 지점은 바로 탐색 기능이 실제적으로 탑재되어 있는 게임의 '장르'에 주목함으로써 규명할 수 있겠다. 그 장르란 '오픈 월드(open world) 게임'이다. 오직 오픈 월드 게임만이 탐색 기능을 필요로 한다. 오픈 월드 게임이란 이름 그대로 열린 세계, 즉 플레이어가 선형적 경로만을 통해 탐험할 수 있는 정해진 공간이 아니라 자신이 원하는 대로 자유롭게 활보할 수 있는 개방된 공간 구성을 가진 게임을 의미한다. 이 세계 속에서 플레이어는 우선 작은 범위의 지역을 탐험한다. 이때 플레이어가 접근 가능한 지역에서 발견하는 것은 아이템이든, 단서든, 비밀이든 모두가 새롭고 놀라운 것들이다. 하지만 플레이어가 탐험을 계속할수록 플레이어가 발을 딛고 인식할 수 있는 세계는 끊임없이 넓어진다. 그리고 좁은 세상에서 전부였던 것들은 이제 이 넓은 공간 속에서 그저 흔하게 널려 있는 하찮은 잡동사니(miscellaneous)[35]가 되고 만다.

---

35. 잡동사니는 게임에서 인벤토리의 아이템들을 분류하는 기준 중 하나이다. 일반적으로 무기, 갑옷, 회복 약 등 실용적인 기능이 있는 여타 아이템과 달리 잡동사니에 속하는 아이템은 상점에 팔아넘겨 화폐로 교환되거나 게임 내 세계의 사소하고 미시적인 설정을 알려 주는 정도의 기능밖에 가지고 있지 않다.

플레이어가 이렇게 오픈 월드 게임 속에서 세계를 인식하는 방식은 니체가 설명한 인간의 세계 지각 과정과 놀랍도록 유사하다.

> 인간을 둘러싼 거리와 말하자면 공간은 인간의 정신적인 시선과 통찰의 힘과 함께 넓어진다. 인간의 세계는 더욱 깊어지고 언제나 새로운 별들이, 새로운 수수께끼와 형상들이 시야에 들어오게 된다. 정신의 눈으로 예리함과 통찰력을 단련해 온 모든 것은 아마 자신을 훈련시키기 위한 계기에 불과할 것이며, 하나의 놀이, 어린이나 어린아이 같은 자들을 위한 그 무엇에 불과했을 뿐이다. 그것 때문에 싸워 왔고 고통받아 왔던 장엄한 개념, 즉 '신'이나 '죄' 같은 개념들은 노인에게 어린아이의 놀이 도구나 고통이 그렇게 보이듯이, 아마도 언젠가는 우리에게 중요치 않은 것처럼 보이게 될 것이다. 그러고 나서 아마 '노인'에게는 다시 놀이 도구와는 다른 고통이 필요하게 될 것이다. 변함없이 여전히 어린아이이며, 영원한 어린아이인 것이다![36]

즉, 니체는 인간이 자신의 주변 공간을 인식하는 과정에서 처음에는 좁은 공간에만 접근할 수 있고 또 이 좁은 공간에서 모든 새로운 것에 대해 경탄을 느끼지만, 점점 자신이 접근할 수 있는 공간의 영역이 넓어지면서 좁은 공간에서 새로웠던 것이 이제 넓은 공간에서는 별로 새롭거나 중요하지 않아 보이게 된다는 점을 지적한다. 만일 이 발견의 놀이가 끊임없이 재미를 제공하기 위해서는, 그러니까 인간이 계속해서 어린아이처럼 즐거워하기 위해서는 언제나 새로운 자극이 필요하다는 것이다. 바로 이러한 지각 원리에 의해 오픈 월드 게임 속에 숨겨진 발견 요소들은 플레이어가 탐험하는 세계가 넓어지면 넓어질수록 점점 지루하고 식상해진다. 그렇다면 이렇게 지루해진 요소들을 지금까지 끊임없이 귀띔

---

36. 프리드리히 니체, 『선악의 저편·도덕의 계보』, 김정현 옮김 (서울: 책세상, 2002), 93-94.

하고 강조해 준 바로 그 탐색 기능은 종국에 플레이어에게 어떤 위상을 갖게 될까? 탐색 기능은 "어린아이의 놀이 도구나 고통이 그렇게 보이듯이, 아마도 언젠가는 우리에게 중요치 않은 것처럼 보이게 될 것이다."

특히 탐색 기능의 당위가 무효해지는 지점은 탐색 기능이 없는 오픈 월드 게임을 들여다볼 때 더욱 명징해진다. 예를 들어 「폴아웃」(Fallout, 1997) 시리즈나 「아우터 월드」(The Outer Worlds, 2019) 같은 게임은 이러한 기능을 일절 사용하지 않는다. 즉, 오픈 월드 게임이라고 해서 전부 탐색 기능을 채용하고 있는 것도 아니고, 탐색 기능이 없다고 해서 해당 게임들에 숨겨진 요소가 없거나 적은 것도 아니다. 단지 자신들이 숨겨 놓은 비밀을 찾아내라고 플레이어에게 지속적으로 강요하지 않을 뿐이다. 여기에는 플레이어가 UI의 귀띔 없이도 게임 세계 안에 숨겨진 요소들을 알아서 찾으리라는 일종의 자신감이 있다. 한편 탐색 기능을 장착한 게임은 플레이어가 끊임없이 탐색 기능을 누르면서 플레이어 자신이 놓친 것은 없는지, 못 찾고 지나친 것은 없는지 강박적으로 확인하기를 원한다. 이는 해당 기능의 강요 없이는 플레이어가 금방 지치고 질려서 게임 세계에 대한 탐색을 그만두리라는 불안과 조급함의 증거이다. 탐색 기능을 탑재하지 않은 오픈 월드 게임이 가지고 있는 자신감은, 우선 플레이어가 세계를 식상하게 느끼지 않도록 플레이어의 활동 영역이 넓어짐에 따라 그에 맞춰 발견 요소들의 다양성, 참신함, 규모 등을 증가시키는 방식으로 탐험 경험을 기획한 데서 온다. 당연히 탐색 기능을 추가한 게임은 대개 플레이어의 넓어지는 세계 인식에 대한 고려 없이 천편일률적으로 발견 요소들을 배치해 놓기 마련이다.

    게임이 자신이 구축한 세계에 대해 가지는 자신감의 유무는 또 한 가지 요소에 의해 결정된다. 바로 UI와 플레이어를 신뢰하는지 여부다. UI가 어떤 노골적인 형태를 취해야만 플레이어가 특정 행동을 하리라고 믿는 것은 UI의 역량에 대한 과소평가이다. 세계 속에 숨겨진 요소는 굳이 강조해서 드러내지 않아도 이미 그것이 그 자리에 존재한다는 사실만으로 플레이어가 그것을 찾도록 유도하고 있다.(게임 내의 모든 요소는 원론적으로 UI라는 사실을 잊지 말자.) 숨겨진 요소가 이미 있는데 그것을 찾으라고 알리는 UI가 구태여 존재한다는 것은 같은 목적을 지향하는 UI가 중복되는 것이다. 게다가 어떤 플레이어들은 UI가 집요하게 굴 필요도 없이 이미 충분히 집요하다. 이 플레이어들은 게임 내 제작자들이 의도적으로 숨겨 놓은 요소들뿐만 아니라 의도치 않은 개발 흔적, 실수, 버그(bug),[37] 글리치(glitch)[38] 들까지 전부 찾아낼 만큼 이미 충분히 강박적이다. 당연히 이들에게 탐색 기능 따위는 중요하지 않다. 탐색 기능이 아주 조금의 편의를 제공해 주긴 하지만 이들은 그런 친절에 별로 개의치 않는다.(지금 자신이 못 찾은 게 있는데 편의성이 눈에 들어오기나 하겠는가!) 탐색 기능이 있다면 그것을 이용해서 더 샅샅이 뒤지겠지만 없다면 그저 육안으로 뒤질 것이다. 그리고 탐색 기능에 잡히지 않는 요소들—게임 제작 과정 중에 임시 개체로 사용하다가 깜박 잊고 삭제하지 않은 더미 데이터 같은 것들—이 제작자들이 의도적으로 숨겨 놓은 요소보다 더 진정한 의미에서 숨겨진 요소들이기 때문에 탐색 기능은 이들에게 불완전한 기능일 뿐이다.

---

37. 프로그램상의 오류. 게임에서 버그는 보통 정상적인 게임플레이를 방해하거나 심지어는 아예 불가능하도록 만들어 버린다.

38. 게임에서 프로그래밍상으로 의도되지 않은 현상 및 효과를 가리킨다. 글리치는 종종 일시적이거나 정상적인 게임 진행에 방해가 되지는 않는 이상 현상이며 후술하겠지만 플레이어들은 이를 의도적으로 이용해 제작자들이 예상하지 못한 독특하고 비규범적이며 일탈적인 게임플레이를 가능케 하기도 한다. 어떤 글리치들은 제작자에 의해 공식적인 게임플레이 요소로 포섭되기도 한다.

물론 이 정도로 편집증적인 플레이어가 게임을 만드는 입장에서는 가장 이상적인 플레이어겠지만, 모든 플레이어가 이렇게까지 병적이지는 않다. 실제로 대다수의 평범한 플레이어들은 탐색 기능이 있어야만 게임 내 숨겨진 요소들을 찾고자 할 것이다. 하지만 니체가 통찰한 인간의 지각 원리에 의해 플레이어는 탐험할 수 있는 세계가 넓어지면 넓어질수록 자신이 발견하는 요소의 빛이 바래 감을 보게 되고, 앞으로 찾아낼 것에 대한 기대도, 또 실제로 그것을 발굴할 때 플레이어가 느끼는 그것들 하나하나의 의미, 영향력, 존재감도 플레이어에게 점차 작아진다. 따라서 탐색 기능이 플레이어에게 부여하고자 했던 조급함과 강박성은 이제 성가심과 지겨움으로 변화한다. 다시 말하자면, 게임의 초반부에 튜토리얼과 힌트를 통해 안내받은 대로 탐색 버튼을 누르던 플레이어가 게임을 진행하면서 버튼을 누르는 행위를 알게 모르게 습관화하여 계속해서 해당 기능을 사용할 수는 있다. 하지만 이러한 습관적 행위는 더 이상 어떤 열의, 열정, 목적성도 가지지 않는다. 그저 철과 구리를 갖다 댄 죽은 개구리의 다리가 움직이는 것과 같은 신경 자극적 반복 행동일 뿐이다.

애초에 이러한 일반적인 플레이어는 탐색 기능이 없었다면, 숨겨진 요소들을 발견하며 얻는 놀라움을 게임 초반에서조차 얻지 못했을 가능성이 짙다. 따라서 탐색 기능의 UI는 이들을 위해 존재하는 코러스가 맞다. 하지만 탐색 기능의 존재 조건인 오픈 월드라는 게임 구조에 의해 역설적으로 탐색 기능은 정작 자신이 목표로 하는, 자신이 실제적으로 효력을 갖는, 자신을 정말로 필요로 하는 플레이어에게는 지속적으로 기능하지 못한다. 탐색 기능을 필요로 하는 일반적인 플레이어들 대부분은 다름 아닌 탐색 기능 때문에 점차 탐색에 대한 열의, 열정, 목적을 잃는다. 다시 말해 탐색 기능은, 그 존재의 근원부터 병들어 있는 것이다! 물론, 이미 병들어 있는 플레이어들은 이 병증을 지치지도 않고 처음부터 끝까지 일관되게 지속적으로 열의를 가지면서까지 이용할 수 있다.

그러나 앞서 말했듯이 이 병자들은 말 그대로 이미 병들어 있어 이 병을 그다지 필요로 하지 않는다. 그들은 가장 집요한 나보다도 더 더욱 집요하기 때문이다.

4. UI의 명령과 목표

1장에서 UI가 플레이어에게 어떤 행위를 강요한다 해도 그 명령에 절대성이 존재하지는 않는다고 언급한 것을 기억하는가? 메뉴나 물리적 버튼, HUD 등이 가하는 은근한 명령보다 훨씬 노골적으로 UI가 플레이어에게 목표를 지정해 주는 순간은 퀘스트, 그리고 도전 과제(achievement)[39]의 성취 조건을 알려 줄 때이다. '늪지대 지역에서 히드라의 머리를 잘라라(0/9)', '아내에게 자신이 그녀의 아들이라는 사실을 들키지 않는다(실패)', '당신은 펜테우스의 머리를 자르지 않고 바쿠스 축제를 끝냈다' 등이 그것이다. 이러한 명령들은 플레이어에게 요구하는 행위와 조건을 구체적인 문장을 통해 명료하게 알려 준다. 따라서 이 확실함과 분명한 존재감으로 인해 퀘스트와 도전 과제는 일반적으로 게임의 최종적이고 소급적인 달성 지점으로 여겨지곤 한다. 하지만 이런 명령에서조차 UI는 절대성을 가지지 않는다. 즉, 플레이어는 상기한 명령 중 그 어떤 것도 이행하지 않으면서 게임을 즐길 수 있다.

게다가 메뉴 및 HUD가 (직설적인 문장이 아니더라도) 여러 기호와 시각적 표현을 통해서 유도하려고 의도하는 행동조차 플

---

39. 성취하기 어려운 행위, 혹은 일반적으로 상상하기 힘들거나 발상의 전환을 요구하는 독특한 행위를 플레이어가 이룩했을 때 게임이 해당 성취를 기록하고 기념하는 것을 일컫는다. 어떤 특정한 행위에 관련된 목표를 플레이어에게 제공한다는 점에서 퀘스트와 유사하나, 게임 속 세계에서 주어지고 보상되는 퀘스트와 달리 도전 과제는 일반적으로 게임플레이 바깥에서, 그러니까 오로지 순수 UI 영역에서만 인지되고 기념된다.

> 따라서 UI는 게임플레이 안에서 벌어지는 일들을 인지할 수 있지만 게임플레이는 통상적으로 UI의 영역에서 벌어지는 일들을 모르는 척하듯이, 도전 과제는 플레이어가 어떤 퀘스트 목표를 달성했을 때 그것을 포착하여 기념해 줄 수 있지만, 반대로 도전 과제에서 제시한 독특한 행동을 플레이어가 수행했다고 해서 퀘스트가 그것을 인지하고 보상하는 일은 별로 없다.

레이어가 깡그리 무시할 수 있다. 가령 '더 좋은 무기와 방어구를 착용하라!', '민간인에게 피해를 입히지 말고 목표만을 제거하라!'와 같은 명령들을 무시하는 반항아들이 있다. 아무 무기와 방어구도 착용하지 않고 맨손만으로 게임을 클리어(clear)[40]하고자 하는 플레이어들, 민간인 피해 없이 정해진 목표 대상만을 제거해야 하는 암살 게임에서 맵상에 존재하는 모든 민간인을 살해하고자 하는 플레이어들, 게임 내에 존재하는 버그나 글리치만을 찾아다니는 플레이어들, 또 그렇게 찾아낸 버그나 글리치를 활용해 게임을 10분 안에 클리어하려고 하는 스피드러너(speedrunner)[41] 등이 이들이다. 이들은 UI의 요구 사항에 정면으로 반대되는 행위들을 추구한다. 혹은 UI의 그 어떤 명령과도 무관한 행위를 시도하고 탐구하기까지 한다. 물론 이들의 행위가 그들이 위반하고자 하는 기존 UI의 명령에서, 혹은 최소한 게임의 오류를 찾기 위해 게임 내 세계를 돌아다닐 때 반드시 기용하게 되는 맵('나를 탐험하

---

[40] 플레이어가 게임의 어떤 한 영역에서 다른 영역으로, 혹은 퀘스트나 게임 진행의 어떤 한 단계에서 다른 단계로 넘어가기 위해서 필요한 모든 목표를 완수하는 것을 이른다. 만일 본문에서 사용한 바와 같이 '게임을 클리어한다'고 하면 일반적으로 최소한 해당 게임 전체의 기본적인 스토리라인과 메인 퀘스트를 처음부터 끝까지 진행하는 것을 일컫는다.

[41]. 게임을 얼마만큼 빨리 클리어할 수 있는지를 경쟁하는 플레이어들을 일컫는다. 스피드런(speedrun)에는 여러 종류가 있는데, 아무런 조건 없이 무조건 가장 게임을 빨리 클리어하는 데에만 주안점을 두는 스피드런을 '아무 퍼센트'(any%), 모든 사이드 퀘스트와 아이템 수집, 심지어는 도전 과제까지, 게임마다 그 기준은 다르지만 어쨌든 가능한 한 게임의 전체를 클리어하는 속도를 재는 스피드런을 '100퍼센트'(100%)라고 한다. 그리고 에뮬레이터와 같은 게임 외부의 도구를 사용해 스피드런을 진행하는 경우는 TAS(tool-assisted speedrun)라고 부른다.

많은 스피드러너가 플레이어 캐릭터의 이동 시간이나 적과의 전투에 드는 시간 등을 최소한으로 줄이기 위해 글리치를 이용하는데, 후술할 「폴아웃: 뉴 베가스」의 '재장전 가속'과 '무한 가속'이 스피드런에 사용되는 대표적인 글리치들이다.

라!')과 방향 키('WASD 키를 눌러 플레이어 캐릭터를 이동하라!') 등의 UI 명령에서 촉발되지 않았다고는 말할 수 없을 것이다. 그럼에도 불구하고 이렇게 게임에서 의도되지 않은 플레이어의 행동이 기존 명령들에 부합한다고도 결코 말할 수 없다. 따라서 UI의 영향력은 절대성과 지배성을 가지지 않는다. 그저 행위 가능성의 풍부한 조건이자 자양분이 될 뿐이다.

플레이어의 일탈 가능성은 노골적인 문장으로 이루어진 퀘스트의 목표들보다, 은연중에 명령을 전달하는 나머지 순수 UI에 더 다양하고 밀도 높게 잠재되어 있다. 먼저 퀘스트에 반하는 플레이어의 자율 행위는 그 퀘스트를 진행하지 않는 것 외에 존재하지 않는다. 해당 퀘스트가 제시하고 있는 진행 방향과 다른 방식으로 행동하려는 노력은 보통 게임의 이야기를 진척시키지 않아 결국 플레이어가 회피하려고 했던 퀘스트로 돌아오게 만든다. 혹은 그저 다른 퀘스트에 복무하는 것에 불과한 결과를 낳는다.

    예를 들어 '상인 존 로즈우드의 가게에 붙은 불을 진화하라'라는 퀘스트에서 이탈하기 위해서는 가게에 붙은 불을 끄지 않는 수밖에 없다. 가게에 붙은 불을 플레이어가 끄지 않을 시 게임의 이야기는 크게 세 가지 방향으로 이어질 수 있다. 첫째로 불이 꺼지지 않고 점점 퍼져 나가 가게를 전소시켜 게임 오버 되는 결과가 가장 전형적인 진행 방향일 것이다. 만일 퀘스트 실패가 반드시 게임 오버로 이어지지 않는다면, 이때 두 번째 가능성으로 플레이어가 불을 끌 때까지 이야기가 전혀 진행되지 않을 수 있다. 이때 가게는 계속 불에 타고 있고 게임은 자신이 내린 임무를 플레이어가 완수할 때까지 그저 망연하게 기다린다. 이렇게 플레이어가 행동하기까지 사건이 진행되지 않고, 플레이어의 행동에 따라서 상황과 시간이 전개되는 게임의 경우에는 통상 실시간으로 게임이 진행되지는 않는 턴제 RPG, 어드벤처(adventure),[42] 포인트 앤드 클릭(point and click)[43] 등의 형식을 띠고 있을 확률이 높다. 세 번째 경로는 해당 퀘스트에서 플레이어가 이탈할 시 새로운 퀘스트로 이어지는 방향이다. '상인 존 로즈우드의 가게에 붙은 불을 진화하라'라는 행위 목표에서 플레이어가 벗어날 시 게임이 '존 로즈우드의 가게가 전부 불에 타 버렸다! 당신이 화재 상황을 그저 보고만 있었던 이유를 주민들에게 설명하라'라거나, '이미 벌어진 일은 어쩔 수 없다. 화재를 멍하니 지켜만 보고 있었던 것은 당신뿐만이 아니고 이 마을의 모든 주민도 마찬가지이다. 당신이 소방관도 아닌데 이 상황을 책임져야만 할 이유는 없다. 진짜로 책임져야 할 사람은 바로 가게에 불을 지른 당사자이다. 방화범을 찾자'라거나, '존 로즈우드의 가게는 시작일 뿐이다. 마을 전체를 잿더미로 만들자'라고 하는 등 신규 목적을 추가한다. 이때 게임은 플레이어를 계속해서 이야기의 흐름 위에 승선시키고자 매진하고, 이러한 노력은 흔히 '선택의 자유'라는 미명 아래 칭송받곤 한다. 그러나 이러한 '선택'들이 엄밀히 말해 게임이 미리 구성해 제시하는 정해진 행위의 방향을 벗어날 수 없기 때문에 '선택의 환상'을 구현하고 있을 뿐이라는 비판도 적지 않다.

하지만 퀘스트 외의 지시 사항들—노골적인 문장의 형태로 구체화하지는 않지만 플레이어에게 끊임없이 명령하는 순수 UI의 다채롭고 전제적(前提的/專制的)인 전령들—은 오히려 그 전

---

42. 어떤 장소나 인물의 숨겨진 비밀을 파헤치거나 단서를 찾고 퍼즐을 푸는 등 말 그대로 모험이 게임의 주 소재인 게임 장르를 일컫는다. 어드벤처 장르는 RPG, 호러, 액션, 인터랙티브, 포인트 앤드 클릭 등 다른 장르와 접목되어 구현되는 경우가 많다.

43. 오직 마우스 포인터로 게임 내 요소들을 클릭하는 것만으로 게임을 진행할 수 있다는 데에서 유래한 이름이다. 이 장르는 많은 경우 어드벤처 장르의 형식과 접목되어 있으나 때로는 RPG 장르의 문법을 따르기도 한다. 그리고 이 포인트 앤드 클릭 장르에서 발전하여 갈라져 나온 하나의 분파가 바로 인터랙티브 장르이다.

제성으로 인하여 플레이어가 그것을 변용하는 방향도, 그것에 저항하는 방향도 게임이 미리 점지할 수 없다. 순수 UI의 요구 사항은 근본적으로 그것들이 게임의 기본 체계와 최소한의 작동 원리를 구성한다는 점에서 전제성을 획득한다. 앞서 말한 바와 같이 게임에서 일탈 가능성을 찾아가는 과정에서조차 1퍼센트 아래로 체력이 떨어지면 게임 오버가 된다는 원칙이나 'WASD 이동 키'와 같은 전제는 존속한다. 그리고 이들은 체력을 나타내는 HUD나 조작법을 알려 주는 튜토리얼, 혹은 그 조작법이 지정된 순간부터 이미 게임의 물리적 UI 일부로 기용되는 (WASD 키가 달린) 키보드 등을 통해 계속해서 전달된다.

  이러한 전제적 명령들은 일탈 가능성을 찾는 도구로 사용될 뿐만 아니라 그것들 자체가 일탈 가능성의 재료가 되기도 한다. 우선 UI의 명령이 도구로 사용되는 경우부터 살펴보자. 예를 들어, 게임 내 물리 법칙의 오류가 발생하는 특이점을 찾기 위해서는 우선 플레이어가 맵을 돌아다녀야 하고, 맵을 돌아다니기 위해서는 이동 키를 사용해야만 한다. 그렇게 이상 지점에 다다르면 플레이어는 빠르게 혹은 천천히 공중으로 떠오르거나 아예 맵 아래 바닥 없는 공허 속으로 빠질 수도 있다. 이후 체계 바깥으로 이동하여 그 바깥을 더 탐험하거나, 아니면 체계 안의 또 다른 일탈들을 수색할 수도 있다.

  순수 UI의 전제적 명령들이 일탈 탐험의 도구로 사용되는 경우가 아닌 일탈 그 자체의 단서가 되는 대표적인 예로는 '버니홉'(bunny hop)이 있다. 버니홉은 FPS(first person shooter) 게임[44]에서 점프하며 그와 동시에 마우스 혹은 이동 키를 좌우로 움직이거나 앉는 방식으로 플레이어 캐릭터가 이동하는 속도

---

44. 일인칭 슈팅 게임. 총을 들고 발사하는 주인공의 시점에서 진행되는 많은 게임들을 일컫는다. 하나의 장르라기보다는 어떤 매체 형식 전체를 아우르는 정의에 가깝다.

의 가속을 유지해 게임 시스템이 제공하는 기본적인 최대 이동속도, 즉 UI가 명령했던 대로 이동 키만을 이용해 움직이는 최대 속도의 한계를 뛰어넘는 기술이다. 1996년의 「퀘이크」(Quake) 시리즈에서부터 거의 30년에 달하는 전통을 자랑하는 이 기술은 지금까지도 물리 엔진(physics engine)[45]을 사용하는 많은 FPS 게임에서 그 명맥을 이어 나가고 있다. 이외에도 게임 「폴아웃: 뉴 베가스」(Fallout: New Vegas, 2010)의 가속 글리치—들고 있는 특정 무기의 총알 종류를 변경함과 동시에 인게임 메뉴를 열고, 그 특정 무기를 장착 해제한 뒤 다시 인게임 메뉴를 닫으면 플레이어 캐릭터가 빠르게 가속되는 '재장전 가속'(reload dash), 유탄 발사기를 플레이어 캐릭터의 머리 위로 발사하고 유탄이 떨어지기 전까지 재장전 가속을 실행하면 플레이어 캐릭터가 가속되는 동시에 떨어진 유탄이 폭발해 플레이어 캐릭터의 다리가 부러져 가속 상태가 영원히 유지되는 '무한 가속'(infinite dash) 등—와 「다크 소울 III」(Dark Souls III, 2015)의 에스트 캔슬(estus cancel)—상대를 등진 상태로 회복 기술을 사용한 뒤 바로 상대 쪽으로 몸을 돌리며 로크온(lock on)[46]을 걸어 회복에 걸리는 시간을 줄이는 글리치—등 이루 전부 열거하기 힘들 만큼 다양한 방

45. 현실의 물리현상을 컴퓨터로 가상 시뮬레이션하는 프로그램 전반을 일컫는다. 게임에서는 운동 역학, 중력, 충돌, 마찰 등의 현상이 물리 엔진의 주된 구동 대상이 된다.

46. 게임에서 특정 대상에게 화면 안의 조준선을 고정하는 기능을 일컫는다. 일반적으로 로크온이 가장 많이 쓰이는 슈팅 게임에서는 플레이어 캐릭터가 정신없이 움직이는 와중에 일일이 상대를 조준하여 총알이나 미사일 같은 발사체를 명중시키기가 어렵기 때문에 로크온을 통해 대상을 자동으로 조준할 수 있도록 한다.
본문에서 예시로 든 「다크 소울 III」에서 로크온은 플레이어 캐릭터가 교전하고 있는 적을 향해 화면과 공격 방향을 고정해 주는 방식으로 기능한다. 현재 플레이어 캐릭터가 다른 방향으로 움직이고 있다 하더라도 계속해서 적이 화면 바깥으로 빠져나가지 않도록, 그리고 플레이어의 공격이 빗나가지 않도록 보조한다.

식으로 플레이어는 UI의 명령 그 자체들을 이용해 게임의 한계를 파괴한다. 다시 말해 플레이어는 이 모든 경우에 UI의 명령을 경유하고 있지만, 오히려 그 명령의 여러 가지 지시 사항을 전혀 예상치 못한 방식으로 해체하고 조합함으로써 각 UI의 명령들이 지정했던 기존의 행위 목표에서 한참을 벗어나게 된다. 결국 플레이어는 아예 UI의 명령이 기거하는 게임의 근본 체계로부터 일탈한다.

플레이어가 UI의 명령에서 벗어나지 않고 그것들을 따른다고 해도, 퀘스트가 제시하는 목표보다는 순수 UI가 유혹하는 기본 행위들이 언제나 더 강력하고 끈질긴 존재감을 지니고 있다. 특히 게임플레이 중 플레이어가 가장 많은 시간을 같이 보내는 HUD의 측면에서 게임 전체 이야기의 결말로 향하기 위한 최종 목표인 '메인 퀘스트'(main quest)나 그 외의 부가적인 '사이드 퀘스트'(side quest) 중 그 어느 쪽도 자신의 존재감을 항시 완전하게 드러내지 않는다. 퀘스트 목표는 항상 HUD에 노출되는 것도 아니고 상황에 따라 자신의 위치를 바꾸거나 아니면 축소, 생략되고, 때로는 사라지기까지 한다.

      예를 들어, 플레이어가 게임플레이를 진행하는 과정에서 새로운 목표를 취득할 시 당장은 화면 위 정중앙에 '바다의 영혼과 마주하라'라는 문장이 커다랗게 표시될 수 있다. 하지만 해당 텍스트는 그 자리에 계속 그대로 남아 있지 않는다. 그것은 오른쪽 상단에 작은 글씨로 옮겨질 수도 있고 혹은 해당 퀘스트 진행을 위해 가야 하는 방향을 맵 위에 표시하는 360도 나침반과 같은—흔히 중앙이 뻥 뚫린 마름모꼴의—기호로 변형될 수도 있으며, 아니면 아예 화면에서 모습을 감출 수도 있다. 그리고 화면 구석에 작게 서술된 퀘스트 텍스트나 저 나침반 기호의 경우, 둘 다 퀘스트의 의의나 플레이어가 밟아야 하는 세부 절차 따위는 나타내고 있지 않다. 먼저 '바다의 영혼과 마주하라'라는 문장은 바다의 영혼이 '누구'인지, 바다의 영혼을 '왜' 마주해야 하는지, '어떻게' 하면 바다의 영혼과 마주할 수 있는지 등 퀘스트에 대한 필수적이고 세부적인 내용들을 모두 누락하고 있다. 애초에 플레이어가 그 모든 자세한 사항을 아무런 안내나 단서도 없이 알아서 헤쳐 나가야 한다면 모르겠지만, 정작 이 세부 사항은 인게임 메뉴를 송출해서 '퀘스트' 항목에 들어가면 확인할 수 있다. 심지어 나침반 기호는 해당 퀘스트를 진행하기 위해 플레이어가 방문해야 하는 위치만을 표시할 뿐 정확히 무엇을 이행하기 위해서 그 방문이 이루어져야 하는지조차 알려 주지 않는다.

그러니까 퀘스트가 게임플레이상에서 HUD의 형태로 나타날 때, UI는 자신이 명령하는 사항의 많은 부분을 축약하거나 생략하고 결코 모든 것을 보여 주지 않는다. 하지만 게임의 기본적인 작동 체계와 전제를 지시하는 순수 UI의 명령은 애초에 자신의 명령 내용을 굳이 한 줄 이상의 텍스트로 구성하지 않고, (텍스트가 부재하는) HUD에 표시될 때도 그 존재의 질량이 전혀 줄어들지 않는다. 게임은 처음 튜토리얼에서 플레이어에게 왼쪽 상단에 있는 체력 바를 가리키며 '체력이 줄어들면 다시 채우라'라는 명령 사항을 직접적인 텍스트로 전달할 수 있다. 게임 초반부 이후에는 튜토리얼이 생략되어 플레이어의 화면 안에는 오직 체력 바만이 존재할 터인데, 이때 플레이어 캐릭터가 강력한 공격을 받아 체력 바가 0에 가깝게 줄어든다면 튜토리얼이나 명령 사항 텍스트가 다시 나타나는 대신 체력 바의 UI가 빨갛게 빛을 내며 깜빡거릴 것이다. 이 붉은 점멸 표시만으로도 UI는 '체력 바를 다시 채우라'라는 명령을 플레이어에게 그 무엇보다 충실히 전달할 수 있고, 해당 UI가 최초에 의도한 지시 사항은 전혀 누락되지 않는다. 그리고 이 체력 바는 화면에서 자신의 모습을 숨길 일도 없다.(플레이어가 직접 메인 메뉴로 진입해 설정 항목에서 해당 UI의 표시 기능을 해제하지 않는 이상 말이다.) 퀘스트 목표를 따르지 않는다고 해서 게임플레이의 작동 전제—플레이어 캐릭터가 살아 있어야 한다—자체를 배반하게 되지는 않는 데에 반해, 체력 바의 요구 사항을 따르지 않으면 아예 게임 오버 화면과 함께 게임플레이가 종료되기 때문이다. 튜토리얼에서 주인공 캐릭터의 체력을 일부러 한번 깎은 다음에 '체력이 전부 떨어지면 죽습니다! 회복 기술을 사용해 체력을 다시 채우세요!'라고 일러 주는 경우는 있지만, '퀘스트 목표를 달성하세요! 퀘스트 목표를 달성하지 않으면 게임이 끝나지 않습니다!'라고 알려 주는 경우는 거의 존재하지 않는 것 또한 이런 이유에서일 것이다.

키보드의 'W'(상), 'A'(좌), 'S'(하), 'D'(우)로 지정된 이동키도 마찬가지다. 'WASD 키를 이용해 움직이라'라는 명령은 튜토리얼에서 텍스트로 전달된 뒤에 HUD의 형태로 잔존하지 않는다. 하지만 게임이 키보드를 조작 수단으로 지정한 순간부터 그것은 물리적 UI로 기용된다. 그리고 게임플레이를 즐기는 플레이어의 눈과 손 앞에서 WASD 키를 가지고 생생하게 존재하는 키보드는 튜토리얼에서 이루어졌던 명령을 언제나 남김없이 플레이어에게 전달한다. WASD 키를 누르지 않으면 당연히 게임플레이 자체가 불가능하기 때문에 그 명령의 항상성과 중요성 또한 퀘스트와 비교할 수 없다. 다시 말해 플레이어가 게임 이야기를 진행하기 위한 퀘스트 목표는 텍스트로 구성되는 것이 필수인 데 반해, 게임플레이를 지속하고 경험하기 위한 최소 조건의 내용은 구체적인 언어로 전달되지 않아도 UI상에서 총체가 드러난다. 따라서 우리는 실질적으로 게임플레이에서 자신을 거세한 채 최소한의 존재감만을 남기고 UI의 구석 자리에 웅크린 퀘스트 목표보다, 화면 안팎으로 사라지지 않고 자신이 가리키는 지시 사항들을 생략하지도 않는—게임플레이의 기본 조건과 전제 들을 나타내는—순수 UI의 명령들이 훨씬 지배적인 존재감을 가진다고 말할 수 있다.

나아가 순수 UI의 전제적인 명령은 긴급한 정도에 있어서도 퀘스트 목표보다 훨씬 강력하게 작동한다. 퀘스트의 목표는 그 내용이 아무리 장황하고 복잡하고 휘황찬란하더라도 어디까지나 '언젠가 성취되어야 할' 혹은 '언젠가 성취될 수 있는' 항목에 불과하다. 그러나 체력 바나 남은 탄약의 개수, 상호작용을 위한 왼쪽 마우스 버튼 같은 UI들은 '이게 다 떨어지면 게임 오버다', '이걸 누르지 않으면 게임을 플레이할 수 없다'라고 말한다. 즉, '명령을 어길 시 게임 자체가 작동하지 않는다'라고 언제나 '지금 당장' 완수되어야만 하는 요구 사항을 들이밀고 있다. 따라서 당장 코앞에 마주한 죽음의 위협 앞에 인생의 커다란 목표나 장래 따위는 살짝 뒤로 제쳐질 수밖에 없듯이, 이 원초적이고 기초적인 순수 UI들은 플레이어가 퀘스트나 이야기 등을 떠올리기도 이전에 거의 전의식적(前意識的)인 단계에서 끊임없이 명령을 내리고 있는 것이다.

그 유명한 「둠」(Doom, 1993)의 개발자 존 카맥이 "게임에서 스토리는 포르노의 스토리와 같다. 그 자리에 존재하리라고 기대되지만, 그만큼 중요한 것은 아니다"라고 한 것은 바로 이러한 지점을 아주 정확히 짚어 주는 말이다.[47] 포르노의 목표가 서사에 존재하지 않듯이 게임의 본질 또한 절대로 퀘스트나 이야기 따위에 존재하지 않는다. 오히려 포르노 영상이 감상자에게 제공하는 쾌(快)가 영상에서 일어나는 하나하나의 행동과 이미지 혹은 영상 그 자체에 존재하는 것처럼, 게임이 제공하는 쾌 또한 가장 기초적인 단위에서의 행위, 동작, 조작, 작동, 즉 플레이 각 순간에 존재한다. 애초에 '상인 존 로즈우드의 가게에 붙은 불을 진화하라', '바다의 영혼과 마주하라'라는 퀘스트의 성취가 체력 바를 채우고 탄약을 보급하며 WASD 키로 플레이어 캐릭터를 움직이고 마우스를 이용해 맵상에 존재하는 요소들을 클릭하여 상호작용 하는 개개의 과정들에 달려 있다. 그렇다면 근본적으로 퀘스트는 플레이어에게 쾌를 제공하는 이 기초 행위들의 조합에 불과한 것일 수도 있다. 마치 수많은 개충(個蟲)으로 이루어져 있는 하나의 군체처럼 말이

---

47. David Kushner, **MASTERS OF DOOM** (New York, NY: Random House, 2003), 105.

다. 군체 없이도 개충들은 개별적 존재로 있을 수 있지만 각각의 개충 없이는 군체가 존재할 수 없듯이, 퀘스트 또한 이 각각의 기초 행위 없이 성립할 수 없다. 결국 순수 UI의 전제적 명령이 퀘스트의 명령보다 급박하고 상시적으로, 보다 중요하고 풍부한 가능성과 존재감을 과시하는 것은 지당한 일이다.

이러한 기초 행위에 대한 전제적 명령만을 중심에 두고 설계한 게임들이 바로 서바이벌(survival)[48], 혹은 시뮬레이션(simulation)[49] 게임이다. 이 장르에 속하는 「심즈」(The Sims, 2000), 「주 타이쿤」(Zoo Tycoon, 2001), 「프로젝트 좀보이드」(Project Zomboid, 2012), 「돈 스타브」(Don't Starve, 2013), 「시티즈: 스카이라인」(Cities: Skylines, 2015) 등의 게임에는 그 어떤 스토리도 퀘스트도 존재하지 않는다. 다만 오직 작은 필요, 욕구, 충동 들로 게임 안팎이 가득 차다 못해 넘실거린다. 이 요구들은 제대로 충족되지 않고 그 수치가 전부 떨어지면 게임이 끝나 버린다는 점에서 근본적으로 체력 바와 동일하다. 하지만 서바이벌 및 시뮬레이션 게임의 요구 사항은 체력 바를 기용하는

48. 말 그대로 생존이 주된 목표인 장르이다. 서바이벌 게임에서 플레이어는 적으로부터의 공격, 허기, 탈수, 수면 부족, 질병, 부상, 온도, 정신 건강 등 현실에서 빌려 온 여러 가지 위협 및 생존 조건과 마주하고 그것으로부터 살아남기 위해 분투한다. 유사한 이름의 '서바이벌 호러'(survival horror) 장르와는 그 본질이 다소 다르다.

49. 현실의 어떤 활동을 가능한 자세하게 재현하고 플레이어로 하여금 그 재현된 활동을 체험할 수 있도록 만드는 것을 궁극적인 목표로 하는 게임을 일컫는다. 대표적으로 비행기, 트럭, 기차, 잠수함, 우주선 등의 운전 활동부터 수술, 청소, 요리, 건축, 사업 경영, 부동산 판매, 심지어는 컴퓨터 조립에 이르기까지 현실에서 가능한 거의 모든 활동들이 시뮬레이션 게임의 재현 대상이 될 수 있다.

생존이라는 활동의 재현에 좀 더 주안점을 두는 경우 서바이벌 게임 또한 일종의 '생존 시뮬레이션' 게임이 될 수 있다.

FPS, RPG, 어드벤처 등의 장르에서 나타나는 순수 UI의 명령과는 정말 비교도 할 수 없이, 이루 다 언급할 수조차 없을 만큼 그 종류와 항목이 압도적으로 다양하다. 지금도 수많은 게임이 어디선가 개발되는 동시에 이 요구 사항의 가짓수 또한 거의 무한대에 가깝게 다양화되고 세부적으로 분화되고 있다. 마치 장르의 명칭대로 이들은 '생존'을 '시뮬레이션'하는 것처럼 보인다. 즉, 게임 안에서 '인생'을 구현하고자 한다는 것이다. 흔히 말하는 픽션에는 서사와 목표가 있고 그 끝, 엔딩이 존재한다. 그러나 논픽션으로서의 현실과 인생에서는 한길로 이어지는 목표가 존재하지 않는다. 다만 서로 연결조차 되지 않는 개개의 벌레들처럼 작고 바글거리는 욕망과 조건만이 꽉꽉 들어차 있다.

보통 RPG 게임에서는 '나를 떨어뜨리지 말라', '나를 다시 채우라', '나를 눌러 이동하라', '나를 눌러 상호작용 하라'라고 말하는 체력 바, 탄창, WASD 키, 마우스 왼쪽 버튼 등 각 코러스가 시민 합창단으로 모여 퀘스트 목표를 정하는 하나의 극(劇)을 구성한다. 반면 서바이벌, 시뮬레이션 게임에서 코러스는 사방에서 각자가 자신만의 고함과 비명을 질러 댄다. '배고프다!', '목마르다!', '인벤토리가 꽉 차 아주 무겁다!', '도시에 사람이 너무 많다!', '동물들이 울타리 바깥으로 빠져나갔다!', '기관을 운영할 자금이 더 이상 없다!', '화장실이 부족하다!', '심심하다!'…. 끔찍하게 울려 퍼지는 목소리들이 어떤 하나의 의미로도 수렴하지 않는 전쟁터에서처럼, 서사나 극은커녕 시민이라는 집단조차 구성하지 않고, 그저 영원히 지속되는 중구난방의 필요들만을 산발적으로 외쳐 댈 뿐이다. 이것이 현실의 끔찍하고 잔혹한 운명과 동일하다는 것은 굳이 말하지 않아도 자명하리라.

즉, UI가 플레이어에게 발생시키는 게임 충동은 현실이 항상 인간에게 불어넣는 욕구 그 자체와 근본적으로 별 다를 바 없는 것이다. 한편 무한한 필요에 둘러싸여 무한한 압박을 견뎌 내고 무한히 충족시켜 주지 않으면 생존에 실패하는 현실이 이미 존재하는데 이러한 현실을 굳이 게임의 형태로 그대로 복제해 내고자 하는 까닭은 과연 무엇일까? 아마 이 수많은 필요가 제공하는 긴장, 그리고 그 필요들을 충족함에 따른 긴장의 해소 자체에서 쾌가 발생하기 때문일 테다. 이것은 단순히 게임뿐만이 아니라 끝없는 필요의 고통과 악몽에도 불구하고 그 속에서 구태여 계속 살아 나가는 현실 인간의 인생 원리에도 해당되는 질문이다. 결국 그 고통과 해소 모두가 쾌라면? 어쩌면 아예 모든 종류의 감각 자체가 곧 쾌라면? 고통은 한 인간에게 통제 가능성의 환상을 만들어 낼 수 있다. 고통을 느끼는 인간은 그것을 그대로 내버려둔 채 지속시키거나 어떤 조치를 취해 제거하는 선택지 중 하나를 자신이 고를 수 있다고 믿을 수 있다. 그리고 그 가능성 중 어느 쪽이든 실현되었을 때—고통을 지속시키거나 해소하는 데 성공했을 때—그는 자신에게 실제로 통제력, 힘, 주체성이 있다는 환상에 사로잡힐 수 있다. 고통의 해소뿐만 아니라 그것의 지속 또한 언급한 이유는 우선 고통 자체를 즐기는 것도 가능할뿐더러, 무엇보다 계속해서 어떠한 필요나 요구를 충족시키지 않고 계속 고통을 느끼는 데도 아직 죽지 않고 살아 있다는 것은 어찌 되었든 문제를 해결했고 오히려 어쩌면 아예 그 필요의 조건 자체를 지배했다는—그렇기 때문에 더욱 거대하고 위압적인—통제감을 느끼게 해 줄 수 있기 때문이다.

모든 필요 아이콘—허기, 수면, 갈증 혹은 자본, 치안, 위생 등—이 궁핍한 수치를 나타내는 시뻘건 색을 번쩍이고 있음에도 불구하고 그 상태 그대로 40시간째 계속해서 한 인간이나 도시의 생존을 유지하고 있는 병적인 플레이어가 게임 화면을 마주하며 지독하게 이기죽대는 모습을 그려 보기는 어렵지 않다. 그렇다면 이렇게 말할 수 있을 것이다. 쾌의 목적이 생존이 아니라, 생존의 목적이 곧 쾌라고. 살기 위해 먹는 것이 아니라 먹기 위해 사는 것이다. 우리는 게임을 단순히 게임 캐릭터의 삶을 영위시키기 위해, 도시를 영속시키기 위해, 동물원을 영원히 영업시키기 위해 플레이하지 않는다. 우리는 순전히 '재미'를 위해 게임을 한다. 왜냐면 게임이야말로 우리 생존에 전혀 필수적이지 않기 때문이다. 그래도 게임을 하는 이유는, 그래도 생존하는 이유와 같다. 생존은 생존에 그 자체로 필수적일 수 없다. 만약 그것이 사실이라면, 생존을 위한 생존은 또 어떤 생존으로 충족시킨단 말인가? 이러한 귀류법에 기대어 나는 '생존은 그 자체로 필수적이고 목적성을 가진다', '살기 위해서 산다' 따위의 진술을 부정한다. 생존의 유일한 목적은 오직 쾌이다.

그렇다면 게임과 생존의 근본적 목적은 그다지 다르지 않다. 이것은 삶의 모든 과정이 게임이거나 생존이고, 사실 그 둘 사이를 '진짜'나 '가짜'로 구분 짓는 행위는—UI가 몰입과 그것의 파괴를 통해 경험적 현실로부터 플레이어를 해방해 마침내 드러내주는 진정한 디오니소스적 현실의 관점에서 바라보자면—별 의미가 없다는 증거기도 하다. 인생은 게임이라는 것, 기존에 생존만이 유일한 목표라고 기만해 왔던 '먹고살기'의 호도(糊塗)는 어디까지나 경험적 현실의 소급적 허위에 불과하다는 것, 이것이 디오니소스적 진리가 자신이 생산한 그 환상을 바라보는 입장이리라.

부록―게임과 행위 원리: 놀이와 협박[50]

게임 플레이어는 게임을 왜 플레이하는가? 이 질문은 '노는 자가 왜 노는가'라는 질문으로 대체될 수 있다. 최근의 논의 중에는 게임을 예술로 '인정'받고자 게임이 어떤 실용성이나 사회적, 정치적 참여 등에 기여한다며 그것의 생산성을 증명하고자 하는 시도들이 많이 보인다. 그리고 실제로 게임이 그러한 효용을 충분히 발생시킬 수 있는 매체로 보이기도 한다. 그러나 이것이 플레이어가 게임을 왜 하느냐는 질문에 대한 근본적인 대답이라고 할 수 있을까? 게임을 플레이하는 이가 정말로 자신의 사회적, 정치적 실천과 효용을 함양하기 위해 컴퓨터 앞에 500시간 동안 앉아 있을까? 재미를 위해서가 아니라?

가장 본질적이고 원초적인 게임, 즉 놀이는 고양이의 놀이이다. 사람이 레이저, 막대기, 털 장난감 등으로 인공적으로 놀아주지 않아도, 고양이들은 자연 상태에서 자기들끼리 여태까지 잘만 놀아 왔고 지금도 그러고 있다. 야생의 고양이는 나뭇잎, 막대기, 빛, 곤충 및 동물의 시체 등을 가지고 논다. 이러한 놀이는 언뜻 사냥을 연습하기 위한 가상의 모방, 즉 시뮬레이션처럼 보일 수 있다. 그러나 실상 가장 중요한 순간, 정말로 곤충이나 작은 동물을 사냥해서 그 시체를 뜯어먹기 바로 직전에 고양이가 보이는 유희의 형태를 본다면, 그들 놀이의 본질에는 어떠한 가상도, 모방도, 연습도 없으며, 실용성이 아니라 오직 즐거움만이 존재함을 바로 알 수 있다. 이미 죽어서 차갑게 식어 움직이지 않는 시체나, 척추가 부러진 채로 아직 죽어가고 있어 반항도 하지 못하고 두려움에 질린 눈으로 꿈틀거리기나 하는 초주검의 동물을 양손으로

---

50. 이 글은 게임 문화 비평 평론 웹진 『게임제너레이션』에서 주최한 2023년 제2회 게임비평공모전 당선작으로, 해당 웹진에 게재된 원고를 수정한 것이다.

데굴데굴 굴리거나 입으로 물어 공중으로 던지는 등의 행위는 그 어떤 다른 '실제' 행위를 모방하고 있지 않고, 그 자체로 이미 고유한 실제 행위이다. 그리고 이 놀이 행위들은 그 어떤 실용적 경험치에도 봉사하지 않고 그저 식사 이전의 재미, 신남, 기쁨만을 생산해 내고 있을 뿐이다.

즉, 놀이로서 게임은 즐거움을 생산하는 행위 그 자체가 목적이다. 다른 외부적 목적에 부역하는 것이 아니라는 말이다. 우리는 게임 「핫라인 마이애미」(Hotline Miami, 2012)의 결말 장면에서 이러한 게임의 행위 목적성을 명료하게 확인할 수 있다. 「핫라인 마이애미」는 게임의 진행 과정에 따라 두 가지 서로 다른 결말을 경험할 수 있도록 구성되어 있다. 흔히 말하는 '보통의 결말'과 '숨겨진 결말'의 구조인 셈이다. 두 가지 결말 모두에서 공통적으로 플레이어가 만나게 되는 두 인물은 해당 게임에서 벌어진 모든 사건들을 배후에 숨어서 조종하고 있던 '청소부'들이다. 「핫라인 마이애미」의 주요 사건에 대해 잠깐 설명하자면, 어느 날부터 불특정 다수의 사람들이 동물 마스크를 배달받고 모르는 이들의 전화를 받는다. 전화의 내용은 어떤 특정 장소로 가서 배달받은 동물 마스크를 쓰고 그 장소에 있는 사람들을 전부 죽이라는 명령이다. 이 전화의 발신자가 바로 청소부들이고, 주인공은 청소부들에게 명령을 받는 사람 중 한 명이다. 그런데 주인공은 이야기의 막바지에 다다라서 자신이 지금까지 따라 온 명령의 발신자가 누구인지 궁금해한다. 주인공은 결국 청소부들의 비밀 본부를 찾아낸다. '보통의 결말'에서는 이들에게 '왜' 이러한 일을 벌였는지를 물어볼 수 있다. 질문에 대한 대답은 이렇다. 🖼 29

> 청소부 A: 그야 심심했으니까 그렇지!
> 청소부 B: 왜 우리가 우리의 행동을 정당화해야 하겠어? 너는 우리가 해 왔던 것보다 훨씬 더 끔찍한 일들을 저질러 왔잖아, 안 그래?

圖29 「핫라인 마이애미」의 청소부들

주인공이 제기한 '왜' 질문에 대해 청소부들은 순수하게 즐거움을 위해서였다고 밝힌다. 주인공이 청소부들에게 "여기서 무슨 일이 벌어지고 있는 것"이냐고 물으면, 그들은 자신들이 "게임"을 하고 있으며 주인공은 그저 자신들의 "장기짝"에 불과하다고 대답한다. 청소부들은 주인공과 같은 사람들을 조종하며 가지고 노는 '놀이자'(-者)로서의 위치를 점하고 있는 것이다. 그런데 주인공 또한 청소부들의 명령에 따라 목숨을 걸고 싸우고 자신의 손으로 사람들을 살해하는 등 "훨씬 더 끔찍한 일들을" 저지르며 즐거움을 느끼는 입장에 서 있다. 주인공은 청소부들에게 "너희들은 왜 사람을 죽이는 거야?"라고도 물어볼 수 있는데, 이에 대해 청소부들은 그 질문의 주어가 잘못 설정되어 있음을 지적한다. "우리는 아무도 안 죽였어, 네가 죽였지…." 즉, 이 '보통의 결말'은 청소부들과 주인공 모두의 행위가 다른 어떤 목적으로도 변명될 필요 없이 오로지 즐거움만을 위해 실행되었음을 분명하게 밝히고 있다.

  그리고 청소부들이 주인공을 향해 "너"라고 부를 때 우리는 그것이 주인공을 조종해 사람들을 죽이며 즐거움을 얻은 또 다른 놀이자, 즉 플레이어도 가리키고 있음을 어렵지 않게 떠올릴 수

그림 30 「핫라인 마이애미」의 닭 마스크의 환영

있다. 그렇다면 주인공에게 명령하고 주인공을 가지고 노는 놀이자로서의 청소부와 청소부의 명령을 수행하며 즐거움을 획득하는 놀이자인 주인공의 구도처럼, 플레이어에게 명령하고 플레이어를 가지고 노는 게임이라는 놀이자와 게임이 명령하는 사항들을 이행하며 즐거워하는 플레이어라는 놀이자의 구도 또한 형성해 볼 수 있을 것이다. 게임 전반부에서 만나게 되는 '닭 마스크의 환영'은 주인공-플레이어에게 다음과 같은 질문을 던진다. 그림 30

> 너는 다른 사람들을 해치는 걸 좋아하니?

이 질문을 통해 닭 마스크의 환영은 게임과 플레이어 사이에서 생산되는 즐거움이 가지는 본질적인 행위 원리의 진실을 시사한다. 그 진실이란, 주인공이 모르는 전화 속 목소리의 명령을 따르거나 플레이어가 이 게임이 명령하는 사항들을 기쁜 마음으로 따르는 이유는, 결국 그들 모두가 "다른 사람들을 해치는" 것으로부터 즐거움을 느끼기 때문이라는 사실이다. 게임이 플레이어에게 명령하는 사항에 대해서 이야기하자면, 이 게임을 시작하자마자 맞닥뜨릴 수 있는 튜토리얼의 전문을 참고할 수 있다.

> 나는 너에게 사람을 죽이는 방법을 가르쳐 주기 위해 여기 와 있다. 이 게임은 좌우 스틱으로 조작된다. R 키를 눌러 때린다. 얼굴을 노려라! 우선 네가 누군가를 쓰러뜨렸으면 그를 마무리까지 해야 한다! 이것을 위해서 너는 X 키를 누른다. 알겠나? R을 눌러 때려라! X를 눌러 끝내라! 내 말 알아듣겠나? 실수하지 말아라!

튜토리얼에서부터 「핫라인 마이애미」는 플레이어가 이 게임 속에서 할 수 있는 행동이 살인뿐임을 노골적으로 드러낸다. 톱다운 형식으로 내려다보이는 조그만 사람 형상을 조작해 또 다른 조그만 사람 형상들을 쏘고 때리고 찢어발기는 게 플레이어가 할 수 있는 전부인 이 게임을 그럼에도 계속해서 플레이하는 '원인'은 우리가 심지어 이러한 가학 행위에서도 느낄 수 있는 바로 그 즐거움이다.

「핫라인 마이애미」의 속편에서도 우리의 행위 원리에 대한 같은 진실이 드러나는 장면을 볼 수 있다. 「핫라인 마이애미 2: 롱 넘버」(Hotline Miami 2: Wrong Number, 2015)의 열여섯 번째 장 '사상자들'(Casualties)에서는 죽음이 거의 확정된 임무에 자신의 부대원들을 보내게 된 '대령'이 나온다. 그는 임무 전날 밤 죽은 퓨마의 안면 피부를 벗겨 미간에 피로 성조기를 그린 다음 그것을 자기 얼굴에 쓰고 나와 다음과 같이 말한다. 31

📷 31 「핫라인 마이애미 2: 롱 넘버」의 대령

> 이게 보이나? 내 얼굴이 보이냐는 말이다. 이것이 내 진정한 본성(nature)이다! 보이지, 안 그래? 이게 나야! 이게 우리 모두란 말이다. 우린 동물이야! 부인할 길은 없어! 우리가 빌어먹을 동물들이라는 것을! 그들은 우리가 학살하거나 학살되도록 내보내고 있지…. 그런데도 우리는 여기 앉아서 그들이 우리에게 무엇을 할지, 그리고 어떻게 할지를 말해 줄 때까지 기다리고 있어! 우리 자신의 의지는 없다. 그저 영혼 없는 복종일 뿐이야! 우리는 우리가 지금 왜 싸우고 있는지도 모르잖아, 안 그래? 우리가 아는 것은 그저 저 아래, 깊은 곳에서, 우리는 이걸 즐기고 있다는 거야. 파괴와 폭력… 이것들은 그저 우리 본성의 일부일 뿐이지.

위 대사를 말하는 대령이 퓨마라는 동물의 얼굴을 벗겨 마스크로 쓰고 미간에 피의 성조기를 그려 놓았던 것, 그리고 이 피의 성조기는 바로 청소부들이 암약하는 비밀 단체의 상징이라는 것은, 궁극적으로 대령의 발화가 담고 있는 내용이 바로 이 게임의 제작자들이 말하고자 했던 진실임을 알려 준다. 우리가 하는 모든 행위는 디오니소스적인 실재의 차원에서 우리가 자연(nature)의 의지와

공명하며 그 모든 것들을 깊이 즐기고 있음에서 비롯한다는 진실 말이다.

여기서, 대령이 청소부들의 상징을 사용했다고 해서 그것이 왜 갑작스레 제작자들의 입장을 대표하게 되는지 이해하기 힘든 독자도 있을 것이다. 공교롭게도 청소부들이 두 명인 것과 마찬가지로 이 게임의 개발자도 단 두 명이다. 그리고 플레이어에게 보여지는 청소부들의 얼굴 그래픽은 게임 개발자 자신들의 얼굴을 픽셀로 캐리커처 한 형상이다. 즉, 청소부들은 이 게임의 개발자들이 사용하는 페르소나인 셈이다. 주인공이 청소부들에게 그들이 "누구 밑에서" 일하고 있는지를 추궁하면, 그들은 자신들이 "누구 밑에서도" 일하고 있지 않은 "독립"적인 작업자이며 "모든 것을 우리끼리 다 했"다고 당당하게 밝힌다. 마치 이 게임을 제작한 두 명의 독립 개발자들이 스스로에게 가지는 자부심과 마주하는 듯한 장면이다. 그렇다면 우리는 청소부들의 대사를 통해 이 게임의 개발자들이 이렇게 단언하고 있다고 볼 수 있을 것이다. '우리는 순전히 즐거움을 위해 창작 행위를 했지, 어떤 명령, 협박 따위의 외부적 조건에 따른 것이 아니다.'

결국 청소부들이 주인공을 "장기짝"이라고 불렀던 것은, 플레이어가 주인공을 조종하며 자신이 게임을 플레이하고 있다고 생각하는 동안 개발자들도 게임을 통해 플레이어를 가지고 놀고 있었음을 의미한다고 볼 수도 있겠다. 그리고 이는 「핫라인 마이애미」뿐만 아니라 모든 게임에서 참이다. 게임은 항상 플레이어에게 퀘스트, 도전 과제, 그리고 조작법—R 키를 눌러 때리고 X 키를 눌러 마무리하라는—에 이르기까지 다양한 명령을 제공하고, 그 명령의 가짓수가 곧 게임의 부피를 결정한다. 그런데 이때 게임의 명령을 플레이어가 따르게 되는 이유는 무엇일까? 첫 번째로 「핫라인 마이애미」의 주인공처럼 그저 그것이 재밌어서 따르는 경우가 있다. 「핫라인 마이애미」의 주인공이 그에게 아무런 위협이나 조건이 주어지지 않았음에도 불구하고 전화 속 목소리에 그대로 따랐던 이유는 그가 청소부들의 지시 사항, 그러니까 대량 살인이라는 행위 자체를 즐겼기 때문이다. 그러나 게임은 자신의 명령이 플레이어에 의해 제대로 실행될지 여부를 항상 즐거움에만 맡기지는 않는다. 즉, 자신이 명령받은 행위에서 즐거움을 느끼지 않는 이들마저도 제대로 명령을 따르도록 만들고자 할 때에는 반드시 강제와 협박 같은 외부 목적적 수단들이 필요하고, 많은 경우에 게임도 이 사실을 아주 잘 알고 있다. 이러한 조건적이고 강제적인 명령 방식이 드러나는 장면을 우리는 「핫라인 마이애미」의 '숨겨진 결말'에서 찾아볼 수 있다. '숨겨진 결말'은 플레이어가 청소부들을 만나러 가기 전에 특정 패스워드를 찾아 놓고 비밀 본부에 있는 컴퓨터에 그것을 집어넣어야지만 볼 수 있다. 이렇게 '숨겨진 결말'을 보기 위한 조건을 만족한 뒤 청소부를 만나면 주인공은 그들에게 다음과 같은 질문을 던진다. "어떻게 이런 정신 나간 계획을 생각해 낼 수 있었지?"

> 청소부 A: 정신 나가…? 네가 깨달아야 하는 건 말이야…
> 청소부 B: 사람들이 네가 원하는 대로 행동하게 만들려면 그렇게 하지 않을 시 결과가 따를 거라고 생각하게 만들기만 하면 된다는 거야.
> 청소부 A: 우리 사회 전체가 이 원칙 위에 지어져 있지.

여기서 청소부들은 게임 바깥의 현실에도 적용되는 조건 명령 방식, 즉 협박에 대해 꽤 좋은 비평을 남기고 있다. 청소부들이 말하는 "우리 사회"가 정치·사회의 표본—앞에서 언급했듯 최근 게임에 대한 논의들이 게임의 목적성을 변명하기 위해 들먹이는—임은 굳이 말할 필요도 없을 만큼 당연하리라. "하지 않을 시 결과가 따를" 것이라는 협박으로 행위를 강제하는 장치들—법, 규범, 도덕, 국가 등—은 청소부들의 대사 그대로 "이 원칙 위에 지어져 있"다. 그런데 "이 원칙", 무언가 익숙하지 않은가? 그렇다. 정신분석에서 상징계의 근간을 이루는 '언어'가 거세 협박을 통해 신경증 환자들에게 습득되는 과정부터가 바로 "이 원칙"의 실사례에 속한다. 하지만 우리는 정치와 사회의 체계가 신경증 환자와 같은 모범 시민들에게 명령하는 방식보다, 그러한 현실의 명령 방식이 어떻게 게임이 플레이어에게 명령을 내리는 방식으로 나타나는지에 좀 더 집중하기로 하자. 왜냐면 미리 말하건대, 게임에서나 현실에서나 이러한 명령 방식들은 플레이어-행위자의 즐거움에 기반한 비조건적이고 자발적인 명령 이행보다 현저하게 효과가 떨어지기 때문이다.

그러니까 「핫라인 마이애미」에서 "R을 눌러" 상대방을 쓰러뜨리고 "X를 눌러" 쓰러진 상대방의 머리를 밟아 으깨라는 명령에는 그 어떤 조건절도 선행하지 않지만, 게임은 때때로 플레이어의 행위를 촉발하고자 '그렇게 하지 않으면'이라는 조건절의 '협박'을 일삼는다. 우리에게 가장 익숙한 형태의 협박은 HUD에 떠 있는 '체력 바'와 같이 주인공의 죽음, 즉 '게임 오버'의 위협을 끊임없이 상기시키는 형태의 UI에서 볼 수 있다. 이러한 방식의 명령들은 처음에 즉각적으로 플레이어를 게임플레이 속으로 끌어들이기 위한 UI의 대화 방식으로는 효과적이다. 당장 '죽음'이라는 협박이 주는 급박함이, 게임에 몰입하기 이전에 게임 외부의 경험적 현실에 안주하고 있는 플레이어의 주의를 끌기 적합하기 때문이다. 그러나 이미 게임 안의 현실 속으로 몰입하여 즐거움을 탐색하고 있는 플레이어에게 저러한 협박은 지속적인 효과를 발하지 못한다. 물론 플레이어가 체력을 채우고 유지하고 관리하는 행위 자체에서 직접적인 즐거움을 느낀다면 게임플레이를 지속할 수 있지만, 이 시점에서 UI가 가하던 조건절의 협박—나를 채우지 않으면 주인공은 죽게 되고 당신은 게임을 더 이상 플레이할 수 없게 된다—은 전과 같은 효력을 전혀 가지지 않는다. 왜냐하면, 죽으면 뭐 어떻다는 말인가? 게임은 언제든지 다시 플레이할 수 있다. '게임 오버'는 영원하지 않고, 그저 죽기 전까지의 플레이 과정을 반복해야 한다는 일시적인 불편 정도만 끼칠 뿐이다. 그리고 그 불편과 싸우는 것 또한 게임플레이의 요소로서 충분히 즐길 수 있기 때문에 소위 '죽음'이 플레이어의 행위를 강제할 수는 없다. 우리는 심지어 게임 속에서 일부러 죽음을 선택하기까지 한다. 예컨대 체력이 바닥났는데 회복 수단이 다 떨어졌거나 스테이지를 거의 다 클리어했지만 시간이 너무 오래 걸려 충분한 점수를 얻지 못했을 경우, 플레이어는 이제 게임 내에서 주인공이 처한 상황의 가능성이 소진되어 더 이상 원하는 만큼의 즐거움을 얻지 못할 것을 예감하고, 그저 빨리 죽고 다시 시작해 즐거움의 가능성을 원래대로 회복시키고자 한다. 혹은 그냥 죽는 것 자체가 재밌어서, 죽는 행위 자체가 발생시키는 즐거움을 위해 반복적으로 계속해서 죽기도 한다. 특히 주인공의 죽음 자체가 즐거움의 원천이 되는 게임들, 그러니까 주인공이 죽을 수 있는 방식이 다채롭고 흥미로워 일부러 가능한 모든 죽음의 시나리오를 실험해 보도록 만드는 게임들의 경우에는 '게임 오버'의 협박이 더더욱 가당치 않게 된다. 가령 「데드 스페이스」(Dead Space, 2008), 「사일런트 힐」(Silent Hill, 1999), 「바이오 하자드」(Resident Evil, 1996) 등의 서바이벌 호러 장르 게임들에서는 괴물, 환경 등 주인공의 죽음을 초래할 수 있는 여러 요소들 각각이 저마다 고유하고 독창적인 방식의 죽음 시나리오를 제공하기 때문에 플레이어는 새로운 위협 요소와 마주칠 때마다 그것이 주인공을 어떻게 죽이게 될지를 실험해 보지 않을 수가 없다. 📖 32

     여기서 혹자는 물을 수 있다. 실재적 차원의 현실에서 우리가 죽으면 다시 살아날 수 없고 죽음이 곧 삶의 영구적인 끝을 의미하는데, 게임 속에서 일어나는 죽음에 플레이어가 급박함을 느끼지 않는다면 그가 진정으로 게임 속 현실에 몰입했다고 말할 수 있겠느냐고. 그리고 그렇다면 게임에서 조건 없는 즐거움의 명령이 조건적인 협박식의 명령보다 유효하다고 해서 이를 실제 현실의 행위 원리와 비교할 수는 없지 않겠느냐고.

그림 32 「데드 스페이스」

     우선 진정한 의미에서는 실재적 차원에서도 이미 언제나 "죽음의 경험이 삶 속에서" 일어나고 있다고 말하기 전에, 게임 속 세계 자체에서 플레이어의 의지에 따라 무한히 반복되는 죽음과 부활이 실재적으로 벌어지는 일이라고 간주되는 게임들이 있다는 사실에 주목해야 한다.[51] 보편적으로 게임들은 주인공이 죽었을 때 플레이어가 '불러오기' 혹은 '이어 하기' 등의 기능을 이용해 다시 주인공을 부활, '재생성'(respawn)시키는 과정을 게임플레이 바깥의 메뉴 영역에 국한되어 벌어지는 일이라고 '가정'한다. 「핫라인 마이애미」의 예만 보더라도 주인공들은 자신들이 죽었다가 다시 살아나기를 몇 번이고 반복하고 있다는 사실을 전혀 인지하지 못한다. 하지만 「카타나 제로」(Katana ZERO, 2019)와 같은 게임의 경우에는 주인공도 주인공이 속한 세계도 모두 주인공의 영원히 반복되는 죽음을 실재적인 차원에서 벌어지는 현상으로 인식한다. 「카타나 제로」에서 주인공은 '크로노스'라는 이

---

51. 질 들뢰즈, 펠릭스 과타리, 『안티 오이디푸스: 자본주의와 분열증』, 김재인 옮김(서울: 민음사, 2014), 547.

름의 마약을 투여해 앞으로 일어날 사건들의 경우의 수를 계산할 수 있는 능력을 부여받는다. 따라서 플레이어가 플레이하는 게임 속 전투 상황, 즉 주인공의 끝없는 죽음을 포함한 그 모든 상황들은 주인공이 계산할 수 있는 경우의 수에 해당한다. 이럴 경우 게임 내의 객관적이고 경험적인 현실에서 벌어진 사건은 오직 주인공이 죽지 않고 모든 적을 처치한 뒤 다음 스테이지로 넘어간 바로 그 경우의 수뿐일 테지만, 우리는 이 또한 허위에 불과함을 알고 있다. 니체는 "주관과 객관이라는 대립 그 자체가 미학에서는 도대체 부적합하다"라고 주장한 적이 있다. 그가 말한 대로 "삶과 세계는 미적 현상으로서만 정당화"된다면 현실과 실재를 구분하는 데에도 주관과 객관이라는 기준은 전혀 무의미할 터이다.[52] "겨우 일주일이 지났지만, 마치 일년처럼 느껴지"고 "모든 말이 길어지고, 모기는 점점 더 시끄러워"지는 주인공 그 자신의 주관적 현실에서는 그 모든 죽음의 경험들이 더욱 생생해질 여지도 없을 만큼 실재한다. 따라서 「카타나 제로」에서 플레이어가 경험하는 죽음은 주인공에게도 전혀 희석되지 않은 채로 아주 선명하게 실재한다. 더 나아가 「핫라인 마이애미」를 포함해 아무리 많은 게임들이 게임 내 세계 안에서 주인공의 죽음을 '객관적으로' 인식하지 않고 그 죽음을 경험하는 주인공 자신조차 자신의 죽음에 무지하다 하더라도, 정작 플레이어는 그 무한한 경우의 수를 모두 자신의 경험 안에서 플레이한다. 그렇다면 플레이어의 '주관적' 실재에서 그 모든 죽음은 언제나 '실제로' 일어난 일과 다를 바 없다고 말할 수 있을 것이다. 📖 33

      이러한 차원에서 우리는 다시 플레이어가 게임을 플레이하는 근본적인 목적으로 돌아올 수 있다. 게임 내에서 명령되는 사항들을 플레이어가 이행하는 원리 중에서 조건절로 협박하는 명령보다 조건 없이 플레이어 자신의 즐거움을 자극하는 명령이 언제나

---

52. 프리드리히 니체, 『비극의 탄생』, 99.

그림 33 「카타나 제로」

더 강력하고 효과적이라면, 애초에 현실에서 플레이어가 의자에 엉덩이를 붙이고 500시간 동안 모니터를 바라보고 있게 하는 원동력 또한 의심의 여지 없이 오직 즐거움뿐이리라. 그리고 굳이 게임이 예술의 영역 안으로 포섭되어야 할 필요도 없겠지만, 게임은 플레이어가 그 어떤 외부적 목적도 전혀 안중에 두지 않고 오로지 자기 자신 안에서 즐거움만을 끌어내기 위해 플레이한다는 지점에서만 예술과 궤를 함께할 수 있다. 아니면 예술이 게임과 궤를 함께하든가. 물론 이 포섭과 범주의 선후는 중요하지 않다. 둘은 인간 행위라는 점에서 목적과 원리가 동일하니까. 그러니까 말하자면, 애초에 예술 현상이 무슨 외부적 효용을 위해 벌어진단 말인가?

이미지 저작권

1 ©Crave
2 ©Visceral Games
3 ©Respawn Entertainment
4 ©Toby Fox
5 ©Toby Fox
6 ©Toby Fox
7 ©Toby Fox
8 ©Toby Fox
9 ©Toby Fox
10 ©Toby Fox
11 ©Toby Fox
12 ©Toby Fox
13 ©Toby Fox
14 ©Toby Fox
15 ©Toby Fox
16 ©Toby Fox
17 ©Crave
18 ©Crave
19 ©Guerilla Games
20 ©Sledgehammer Games
21 ©NAUGHTY DOG PlayStation Studios
22 ©SIE Santa Monica Studio
23 ©Streum On Studio
24 ©Streum On Studio
25 ©Streum On Studio
26 ©Streum On Studio
27 ©Lo-Fi Games
28 ©Ludeon Studios Inc
29 ©Dennaton Games
30 ©Dennaton Games
31 ©Dennaton Games
32 ©Visceral Games
33 ©Askiisoft